자폐 어린이가
꼭 알려주고 싶은
열 가지

아이가 세상과 소통하는 길을 열어주기 바라며

"영식아, 안 돼!", "민영아, 그럼 못써!", "우근아, 위험해!"

내 주위에 있는 자폐아를 둔 부모들이 입에 달고 사는 말이다. 부모 눈에 비치는 아이의 행동이 맘에 안 들고, 성에 안 차고, 위험하기 짝이 없으니 이런 말을 입에 달지 않을 수 없다. 어찌 보면 당연하다.

나의 셋째 아들 우근이는 자폐장애 1급이다. 우근이는 한 때 차바퀴를 좋아했다. 그것도 특별히 구르는 차바퀴를 좋아하다 보니, 지나가는 차가 있으면 그 차에 달려들곤 했다. 눈 깜짝할 사이 일어나는 일이라 뒤늦게 알아차리고 제지하다 보면 놀란 마음에 나무라듯 고함을 지르게 된다.

그때만 해도 우근이 행동이 참 이해가 가지 않았다. '왜 우근이는 위험한 상황을 깨닫지 못할까?', '다른 건 다 좋으니 제발 달리는 차에 뛰어드는 일만은 좀 그만둘 수 없겠니?' 이렇게 한편으론 의아해하고, 다른 한편으론 하소연하고 부탁하면서 가슴을 쓸어내리는 세월을 한참 보내야 했다.

　　나는 이 책을 통해 자신이 좋아하는 자동차, 그것도 신기하게 움직이는 자동차 바퀴를 직접 손으로 만지고 느껴보려고 했던 우근이의 행동이 세상과 소통하고 그 속으로 다가가기 위한 아이 나름의 통로였다는 걸 깨달았다. 위험을 막기 위한 최소한의 개입은 필요하지만, 이 책을 읽은 뒤로는 무턱대고 안 된다며 나무라기만 했던 나의 언행을 되돌아보게 되었다.

　　나는 우근이를 나름대로 잘 알고 있다고 생각했는데……. 자폐에 대해서 어느 정도 공부도 했다고 생각했는데……. 이제 보니 아이 입장이 아닌, 전문가의 시각에서 쓴 책들을 어른인 나의 입장과 시각에서만 알려고 노력했구나 하는 반성을 했다. 더 일찍 이런 책을 읽고 아이의 눈높이에서 아이를 이해하려고 노력했다면, 좀 더 바람직한 태도로 대처했을 텐데 말이다. 이 책은 이렇게 시행착오를 겪는 자폐아 부모들에게 새로운 시각에서 우리가 미처 알지 못했던 놀라운 아이들 세계를 들려주고 있다.

위에서 본 것처럼 자폐아는 부모가 바라는 사회적 행동으로 세상과 소통하지 않는다. 또한 사회적 언어로 자기 생각을 표현하지도 않는다. 그러다 보니 사람들과 의사소통을 하기가 어렵다. 그래서 자폐아 부모는 한결같이 아이의 대변인을 자처한다. 부모 자신이 아이를 대신해서 아이의 생각과 욕구를 표현해주는 게 당연하다고 생각한다. 물론 다른 장애를 지닌 아이와는 달리, 자폐아는 누군가 그를 대신해서 의사표현을 해줄 사람이 반드시 필요하다. 그 역할을 일차적으로 부모가 맡는 건 당연하다 할 수 있다.

　　그러나 여기에는 전제가 따른다. 부모가 아이에 대한 올바른 이해와 관점을 지니고 있어야 한다. 최근 자폐아가 부쩍 늘고 있는 만큼 자폐스펙트럼도 엄청 다양하게 나타난다. 그런데 아이의 대변인이라는 부모가 자녀의 자폐 특성을 정확히 이해하고 있지 못하면 말이 되겠는가. 또한 지금까지 부모의 위치에서 아이를 바라보며 가졌던 시각을 바꿔야 한다. 부모의 시각에서만 아이를 바라보고 대하면, 아이가 오히려 소외감을 느낄 수 있기 때문이다. 아이를 아이답게 바라보고 함께 공감하는 자세가 필요하다. 이런 점에서 이 책은 부모의 관점이 아닌, 아이의 관점과 눈높이로 아이를 이해할 수 있게 하는 훌륭한 안내서가 될 거라고 확신한다.

　"내 아이인데도 도대체 이해할 수가 없어!" 하고 말하는 부모뿐만 아니라 "내 아이는 내가 가장 잘 알아." 하고 자신하는 부모들도 아이의 입장을 아이 내면의 목소리를 통해 들려주는 이 책을 반드시 읽어보길 권한다.

– 송주한(〈우근이가 사라졌다〉 저자)

아이를 위해 목소리를 내다

처음 나의 논문 〈자폐 어린이가 알려주고 싶은 열 가지〉(이하 열 가지)가 발표되었을 때, 난 독자들이 그렇게까지 큰 반응을 보여줄 것이라고는 전혀 예상하지 못했다. 그런데 '자폐아 부모와 가족, 사회복지사, 교사들이 꼭 읽어야 할 글'이라는 수많은 사람들의 편지를 받고는 놀랍고 기뻤다. 어떤 어머니는 "말 못하는 내 딸이 하고 싶어 했던 이야기"를 내 논문이 대신해주었다고 썼다. 또 어떤 어머니는 "말 한 마디, 글 한 줄마다 지혜가 번득인다."고 했다. 어떤 사회복지사는 "당신의 글에서 자폐아들의 다양하고 특수한 욕구를 제대로 담아냈다는 느낌을 강하게 받았다."며 격려의 편지를 보내기도 했다.

사람들은 내 이야기를 남다르게 받아들였고, 훌륭하고 생산적이라며 환영했다. 나는 내 논문이 이토록 큰 반향을 일으키는 이유가 무엇인지 궁금했다. 짐작하건대, 자폐에 관한 이런저런 논의에서는 들을 수 없었던 이야기를 내가 자폐아의 목소리를 빌어 담아냈기 때문이 아닐까 싶다. 자신의 생각과 느낌을 표현할 능력이 없는 자폐아의 목소리를 어디서 듣겠는가?

나는 지금까지 내 아들 브라이스의 '목소리'를 계속해서 들어왔다. 브라이스와 내가 끊임없이 소통하려고 노력해온 결과물이다. 나는 브라이스의 목소리를 들을 수 있어서 정말 다행이라고 느꼈다. 자폐아가 이 세상에 대해서 생각하고, 이 세상을 향해하는 방법은 사뭇 다르며, 이 다름의 가치를 인정해야 하는 것은 부모를 비롯한 어른들의 몫이기 때문이다. 비록 자폐아가 자신의 생각과 느낌을 분명하게 표현할 수 없더라도 말이다.

자폐에 대해 개인이나 집단이 갖는 태도는 어떤 언어를 사용하여 자폐를 정의하는가에 영향을 받는다. 고의였든 고의가 아니었든, 자극적이고 도발적인 발언이나 의견은 우리의 주의를 끈다. 우리는 아마 반응하고 절망할지 모른다. 하지만 정작 아이의 자폐에 대한 건강한 전망이 발전하지 못하게 막는 것은 따로 있다. 바로 우리의 감시망 아래를 날아다니는 언어의 미세한 차이와 미묘한 뉘앙스다. 책을 읽으면서 여러분은 언어가 어떻게 자폐에 관한 여러분의 견해를 형성하는지 생각하게 될 것이다. 그리고 여러분이 아직 생각해본 적 없는 새로운 관점으로 자폐를 바라보게 될 것이다. 하지만 이 책에서 여러분이 보지 못할 것들도 몇 가지 있다. 다른 사람의 말이나 자료를 인용하지 않는 한, 자폐를 장애나 병으로 언급하는 내용은 보지 못할 것이다. 또 '정상'이라는 말은 이 책에 인용부호 없이는 절대 등장하지 않을 것이다. 우리 아들이 자폐라는 진단을 받고 난 뒤, 처음 한동안은 이런 질문들이 내 가슴을 찔렀다. "그 애는 이제 정상이 될 수 없는 건가요?" 난 처음에는 망연자실했고, 나중에는 거의 질문한 사람이 가여워질 정도로 건방지게 대꾸했다. "정상이라는 게 있다면, 그런 때가 오겠죠."라거나 "그렇게 된다면, 그 애가 나보다 나아지겠네요."처럼 대답하는 방법을 배웠다. 여러분의 아이에게는 많은 사회적 자아가 있다. 그 모두를 끌어안는 것, 그렇게 함으로써 한 아이를 전인적 존재로 받아들이는 것. 이것이 우리가 '정상'을 재정의 하는 방식이다.

이 책에서 이야기하는 열 가지가 내 아이를 특징짓고 있기는 하지만, 그 열 가지가 모든 자폐아에게 적용되지는 않을 것이다. 그럴 수도 없다. 오히려 여러분은 서로 다른 자폐아들이 가지고 있는 특징이나 욕구가 저마다 다르고, 한 아이에게서도 시간이 흐르면서 달라지는 걸 볼 수 있을 것이다. 아이가 교육과 치료를 받고, 아이는 물론 여러분도 성숙하게 되면, 몇몇 특징들로 인해 생겼던 한계는 약해질 것이다. 그리고 소위 한계라고 불리던 것들 중 몇몇은 강점으로 방향이 틀어지기도 할 것이다. 이 책을 끝까지 읽고 며칠이 지나면, 여러분은 여러분이 시작했던 때보다 아이의 자폐 영역에서 훨씬 더 흥미롭고 새로운 지점에 도달했음을 알게 될 것이다. 그렇게 되기를 바란다.

내가 이 책《열 가지》초판을 쓰고 몇 년이 흐르는 동안, 내 아들은 십대를 보냈고 어른이 되었다. 이 몇 해 동안 자폐는 세계적으로 증가하여 모든 사람을 당황시키고 불안에 떨게 만들었다. 나 또한 시간이 흐르면서 주어진 상황에서 위치가 바뀌었다. 내 경험에 따른 것이었지만, 동시에《열 가지》를 통해 내 삶에 들어오게 된 다른 이들의 경험에 대한 응답이기도 했다. 그리고 내가 원래 가지고 있던 생각들 중 일부는 더 크게 변화했다.

자폐는 언제나 그래왔듯이 복잡하고, 자폐아의 수도 늘어나고 있다. 우리는 십 년 전보다도 더 많은 눈으로 우리 아이들을 보호하고 옹호해야 한다. 이 의무적인 부름에 따라 우리는 그저 옹호자만이 아니라 특사가 되어야 한다. 오늘날 자폐아의 부모로 살아가기 위해서는 체력과 호기심, 창의성, 인내심, 회복력만으로는 충분하지 않다. 넓게 생각하고 그에 따라 꿈꿀 용기가 필요하다. 그러므로 《열 가지》의 개정증보판은, 내가 그랬듯, 시간이 흐른 만큼 무르익어서 더 확대되었고 더 포괄적이 되었다.

아이를 위해 목소리를 내는 사람은 누구인가? 우리 중 누구든 다른 사람의 머릿속에 들어가 아이들을 위해 말할 수 있으려면, 어느 정도는 추측을 해야 한다. 이를 용서해주었으면 한다. 자폐아가 세상을 경험하는 방식대로 세상을 이해해보려는 욕구가 얼마나 강하면 그럴까 하고 헤아려주기 바란다. 자폐아의 방식대로 세상을 이해한다면, 우리는 아이들의 독특한 사고방식과 의사소통 방식, 세상을 향해하는 방식이 나름의 합리성과 가치를 지니고 있음을 인정하게 될 것이다. 비록 아이들의 목소리가 언어가 아닐지라도, 그들의 생각과 느낌에 목소리를 주어야 한다. 그렇게 하지 않으면, 우리 아이들의 자폐가 남긴 유산은 영원히 발견되지 못한 선물로 남을 것이다. 이것이 우리가 행동에 나서야 하는 소명이다.

차례

이제 막 여행을 떠나려는 여러분에게

자폐아의 부모로 내가 처음 확인한 진실은, 앞으로의 일을 예상할 수 없으며 이것이 자폐에 대해 예상할 수 있는 유일한 사실이라는 점이다. 자폐의 한결같은 속성은 한결같지 않다는 데 있었다. 오랜 세월 함께 생활해온 사람들조차 도무지 종잡을 수가 없다. 자폐아는 겉모습만 봤을 때 '아무렇지도 않아' 보일지 모른다. 그러나 행동은 무척 당혹스럽고 이해하기 힘들 수 있다.

한때 사람들은 자폐를 '난치병'으로 생각했다. 그러나 자폐에 관한 지식이 쌓이고 이해가 깊어지면서 이런 관념은 허물어졌다. 수많은 자폐인이 자폐로 인한 어려움을 보완해가며 자신의 삶을 묵묵히 살아가는 모습을 보여주고 있지 않은가. 언젠가

〈뉴욕타임스〉 기사에서 읽은, 당시 고등학교 1학년 학생이었던 잭 토마스가 한 말이 기억난다.

"우리는 병에 걸린 게 아니다. 그런데 무엇을 치료한다는 말인가? 지금 이대로의 모습이 우리일 따름이다."

나는 잭과 의견을 같이한다. 나의 칼럼 〈인적이 드문 길에서 보낸 엽서〉에서 내가 말하려고 했던 핵심이기도 하다. 나는 이 칼럼에서 부모들에게 자녀의 행동 중에서 가장 힘든 몇 가지를 적은 다음, 이것을 긍정적인 표현으로 바꾸어 적어보라고 요청했었다. 아이가 무뚝뚝한가? 그렇다면 혹시 이 아이는 혼자서도 잘 놀고 스스로 공부할 줄 아는 게 아닐까? 아이가 무모한 행동을 하는가? 그렇다면 혹시 이 아이는 모험을 좋아하고, 새로운 경험을 마다하지 않는 게 아닐까? 아이가 지나칠 정도로 깔끔한가? 그렇다면 혹시 이 아이는 정리정돈을 굉장히 잘하는 게 아닐까? 아이가 집요하게 계속해서 질문을 던져 여러분을 괴롭히는가? 그렇다면 혹시 이 아이는 끈기 있을 뿐 아니라, 자기 세계에 대해서 호기심이 많은 게 아닐까? 우리는 왜 '집요하게 반복하는' 아이를 보면 고치려고 애쓰면서, '끈기 있게 노력하는' 아이를 보면 칭찬하는가? '멈추려고 하지 않는' 마음에서 비롯된 것은 같은데 말이다.

내 칼럼의 제목을 〈인적이 드문 길에서 보낸 엽서〉로 지은 데는 나름 이유가 있다. 내 생각을 로버트 프로스트의 시 〈가지 않은 길〉에 빗대어 표현하는 것이 가장 적합하다고 느꼈기 때문이다.

　　숲 속에 두 갈래 길이 있었고, 나는 –
　　인적이 드문 길을 택했고,
　　그리고 그것이 내 모든 것을 바꾸어놓았다.

　　어떤 독자는 내 생각에 동의하지 않았다. "엽서란 즐겁게 여행하는 사람들이 보내는 것입니다. 당신이 표현하고 싶은 것이 그런 즐거움인지 나는 믿을 수가 없군요." 하지만 엽서에는 그보다 훨씬 더 많은 의미가 담겨있다고 나는 생각한다. 엽서는 사랑하는 사람에게 여러분이 어느 장소에 안전하게 도착했다는 소식을 전해준다. 또한 비록 멀리 떨어져 있어도 당신을 생각하며 지낸다는 마음을 전한다. 그리고 지금 보고 있는 경치를 그 사람과 함께 나눌 수 있게 해준다. 어쩌면 여행에서 느끼는 쓸쓸함과 그것을 이겨낸 방법에 대해, 잘하면 유머도 조금 섞어서 자세히 이야기해줄지도 모른다. 엽서는 멀리 떨어진 곳에서도 사랑하는 사람과 함께 있을 수 있게 해준다.

이런 의미에서 앞의 독자의 말에 대한 내 대답은 "그렇습니다."이다. 나는 지금 즐겁게 여행하는 중이다. 여행을 시작한 것은 희망과 가능성, 꿈에도 생각하지 못한 성취(아이의 성취, 나의 성취, 그리고 우리 가족 모두의 성취), 그리고 '투자에 대한 수익'에 고무되었기 때문이다. 그러나 출발점은 거기가 아니었다.

브라이스는 세 살 때 자폐 진단을 받았다. 상담이 끝나갈 즈음, 깊은 슬픔과 함께 두려움이 나를 엄습했다. 브라이스가 앞으로 어떻게 살아갈지 상상만 해도 견딜 수가 없었다. 난 자폐라는 세계에 들어가고 싶지 않았다. 브라이스를 그 세계에서 벗어나게 하기 위해서라면 할 수 있는 최선의 노력을 다할 작정이었다. 전문가들에게 기대거나, 혹은 '어떻게든 이겨내겠지.' 하는 덧없는 상상에 브라이스의 미래를 맡길 생각은 털끝만치도 하지 않았다. 문제는 아이가 살아갈 삶의 질이었다. 실패는 선택의 문제가 아니었다. 이런 생각이 매일 아침 나를 침대 밖으로 끌어냈고, 아이를 위해 행동에 나서도록 자극했다.

이렇게 해서 상냥하지만 말이 어눌한 아이와 함께하는 여행이 시작되었다. 아이는 때때로 머리카락을 쥐어뜯거나, 고양이를 할퀴거나, 물건들을 집어던지는 폭력을 행사하여 사람들을 당황스럽게 하였다. 또 수업시간이나 쉬는 시간에는 손으로 두 귀를 막은 채 해야 할 행동들을 하려고 하지 않았다. 그리고 웃을 상황이 아닌데도 웃음을 터뜨리는가 하면, 일상적인 고통이나 추위 따위는 느끼지 않는 듯 행동했다.

　　브라이스가 초등 1학년 때 일이다. 학교 조회시간에 교장선생님이 아이들에게 "커서 어떤 사람이 되고 싶나요?"라는 질문을 던졌다. 많은 아이가 미식축구 스타가 되고 싶다고 대답했다. 그 외에도 팝스타, 자동차경주 선수, 만화가, 수의사, 소방대원이 되고 싶다고 했다. 브라이스의 차례가 되었다. 아이는 곰곰이 생각하더니 찬찬히 말했다. "난 어른이 되고 싶어요." 박수갈채가 터져 나왔다. 교장선생님이 조심스럽게 입을 열었다. "세상은 더 좋아질 것입니다. 브라이스가 간절히 바라는 것을 더 많은 사람들이 간절히 바란다면 말입니다."

　　이것이 내가 알고 있는 진실이다. 여러분의 아이가 자폐가 있다고 해서 아이와 여러분, 그리고 여러분의 가족이 충만하고 기쁨이 넘치는 생활을 하지 못하라는 법은 없다. 여러분은 내 말에 깜짝 놀랄지도 모른다. 하지만 과감하게 내 말을 믿어보기 바란다. 그것을 확인하게 될 때까지 말이다.

　　"꿈이 부서져 산산조각 날 때 여러분은 산산이 흩어질 수도 있고, 또 새로운 꿈을 찾아 떠날 수도 있다." 유명한 영화감독 노라 에프론Nora Ephron이 쓴 책 《가슴앓이Heartburn》에서 주인공이 한 말이다. 과연 우리는 아이와 함께 얼마나 많은 것을 성취할 수 있을까? 이 물음에 대한 답변은 우리가 자녀를 위해서, 또는 자녀에 대해서 어떤 선택을 하느냐에 달려있다.

이 책을 읽는 독자들 중에는 자폐의 세계에 처음 발을 들여놓은 사람들도 있을 것이다. 처음이라 두려움도 크겠지만, 자폐 그 자체는 두려운 것이 아니라고 말하고 싶다. 단지 자폐를 이해하지 못하고, 주변에 이해하는 사람이 없고, 아이에게 필요한 도움이 있는데 그 도움을 받지 못해 두려울 따름이다.

여러분은 이제 막 여행을 시작하려는 참이다. 나는 이 여행이 오래 걸린다는 사실을 부인하지 않을 셈이다. 그리고 긴 여행이니만큼, 여러분은 우선 여행 경로에 대해 조금이라도 알고 싶을 것이다. 이 책의 의도가 거기에 있다. 나는 이 책에서 여러분이 여행 도중에 혹시 그냥 지나칠지도 모를 몇 가지 기본적인 표지판에 대해 안내할 것이다. 그래야 표지판을 지나갈 때 그게 조금이라도 친숙해 보이고, 낯설거나 놀라운 인상을 받을 일도 줄어들 테니까.

여러분 중에는 자폐에 대해 이미 알고 있는 사람들도 있을 것이다. 그렇다면 자폐에 대해 많은 사람과 이야기를 나눠야 한다. 교사, 형제자매, 가족구성원, 아이 돌보는 사람, 이웃사람들, 내 아이와 또래인 아이 부모들, 아이들의 친구들 등등. 아이 주변에 있는 많은 사람과 이야기를 나눠 이해를 구하는 것은 꼭 필요한 일이다. 이는 아이가 자립할 수 있는 성인으로 성장하는 데 엄청난 영향을 끼치기 때문이다.

이 책을 통해서 여러분은 자폐의 가장 기본적인 요소들을 간단하게나마 이해할 수 있게 될 것이다. 자폐는 굉장히 복잡하다. 그렇지만 내 경험을 종합해볼 때, 자폐의 무수히 다양한 특징들은 네 가지 기본적인 범주로 요약된다. 이는 '감각처리의 어려움', '의사소통의 어려움', '사회적 사고와 교류 기술의 결핍', '전인적 존재인 아이와 자존감의 문제' 네 가지이다. 그 이유는 다음과 같다.

감각처리의 어려움

아이는 주변에서 불쾌한 느낌과 깜짝 놀랄만한 일들이 폭격을 퍼붓듯 정신없이 쏟아지는 상황에 놓여있다. 아이가 인지학습이나 사회성 학습을 제대로 익혀 행동에 옮기기를 기대하는 건 불가능하다. 여러분의 두뇌는 수천 가지에 달하는 복잡한 감각 정보들(보고, 듣고, 냄새 맡는 것 등)을 동시에 걸러내지만, 아이의 두뇌는 그럴 능력이 없다. 온갖 신호가 뇌간에 몰려 꽉 막히면, 교통체증 때문에 여러분이 하루 종일 부리는 짜증 못지않은 짜증을 아이가 부릴 수 있다. 숨 막히는 매연과 차량의 소음 속에서 상황을 변화시킬만한 힘도 없이, 옴짝달싹못하고 갇혀있는 기분을 상상해보기 바란다.

의사소통의 어려움

　적절할 표현수단이 없을 때 아이는 의사소통의 필요와 욕구를 충족할 수 없다. 게다가 학습을 통해서 성장하지도 못한다. 그 필연적인 결과는 분노와 좌절이다. 따라서 말이든 그림이든, 또는 어떤 특수 보조기법을 사용하든, 아이에게 의사소통 능력을 길러주는 것이 중요하다. 의사표현 수단은 아이 성장에 없어서는 안 될 요소이기 때문이다.

사회적 사고와 교류 기술

　사회적 교류가 없으면 아이는 심각하게 고립될 수 있다. 사회적 교류 기술을 제대로 갖추지 못한 자폐아는 상대를 이해하고 서로 관계를 맺어가는 데 험난한 시련을 겪는다.

전인적 존재인 아이와 자존감

인간은 모두 전인적 존재이다. 몇 가지 특성으로가 아니라, 지금 있는 모습 그대로 온전히 받아들여지고 인정받기를 원한다. 그러므로 우리 자신이 남들에게 바라는 것과 똑같이, 자폐아들을 전인적 존재로 온전히 받아들여야 한다. 물론 자폐아가 더 넓은 세상에서 많은 사람과 함께 어울려 생활할 수 있으려면 노련한 안내가 필요하다. 그리고 그 목표를 향해서 긍정적인 에너지와 낙관적인 자세로 노력해야 한다. 아이들은 이미 축복받을 걸 많이 갖고 있다. 이제 아이들이 자기 자신을 전인적 존재로 받아들일 수 있도록 우리가 아이들을 안내하고, 사랑하며, 모든 노력을 다해야 한다.

브라이스는 세상에 적응하기 위해 힘겹게 노력했고, 자신을 표현할 수 있는 능력을 부단히 길렀다. 브라이스의 생활이 편안해질수록 내 생활도 덩달아 편해졌다. 브라이스는 점점 만족스러운 성취를 이루어냈다. 어느 때는 수영대회에서 결승점까지 완주를 했고, 또 어느 때는 〈찰리와 초콜릿 공장〉 연극에서 조할아버지 역을 맡아 끝까지 노래 부르고 춤을 추었다. 처음으로 두발자전거를 타게 된 날도 있었다. 생일파티에 축하객이 한 사람도 오지 않을까 봐 걱정했는데 40명이나 오기도 했다. 처음으로 소년단원 야영을 마치고 의기양양하게 돌아오기도 했다. 또 언젠가는 유치원 때부터 좋아했던 여자아이에게 용기를 내어 무도회에서 춤을 추자고 신청해 승낙을 받은 날도 있었다. 그날 브라이스는 행복에 겨워 몸 둘 바를 몰랐다.

　나는 브라이스를 변화시키려고 하지 않았다. 이것은 진실이다. 나는 아이에게서 자폐를 떼어내려고 하지 않았다. 이것 또한 진실이다. 브라이스를 자폐가 있는 아이가 아닌, 다른 아이로 만들려고 하지 않았다.

　위에서 이야기한 네 가지 요소가 많은 자폐아에게 공통적으로 나타날 수는 있다. 그렇긴 해도 명심해야 할 사실은 자폐는 스펙트럼이라는 점이다. 두 명(또는 열 명이나 스무 명)의 아이가 전적으로 똑같은 자폐 증상을 보이는 경우는 없다. 아이마다 자폐 스펙트럼에서 차지하는 위치는 다르다. 그리고 부모와 교사, 보호자마다 자폐스펙트럼을 이해하는 지점도 각각 다르다. 아이든 어른이든, 저마다 갖고 있는 독특한 욕구가 있기 때문이다. 텔레비전 영상을 구성하는 수백 만 개의 화소처럼, 자폐아는 복잡한 혼합물이다. 따라서 자폐아를 제대로 이해하고 받아들이기 위해서는 지속적인 노력이 필요하다.

"갈만한 가치가 있는 곳에 이르는 지름길이란 없다." 장애가 있는 두 아이를 둔 어머니이자, 유명한 오페라의 프리마돈나인 비버리 실스Biverly Sills의 말이다. 맞는 말이다. 그러나 여행을 하다 보면, 때로는 발견의 기쁨을 누리기도 한다. 여러분 손에 이 안내서가 들려있다. 이제 용기를 내어 여행을 떠나보자.

자폐 어린이가
꼭 알려주고 싶은
열 가지

하나, 나는 어린이에요.

자폐는 내가 가지고 있는 다양한 개성 중 한 부분일 뿐이에요. 이것만으로 나를 판단하고 규정짓지는 마세요.

사람들은 저마다 자기의 생각과 감정, 그리고 재능을 가지고 있어요. 외모도 모두 다르죠. 여러분은 안경을 썼나요? 운동을 잘 못하나요? 뚱뚱한가요? 어쩌면 나도 여러분을 만날 때 이런 특징들부터 먼저 보게 될지 몰라요. 하지만 이런 것들이 여러분의 모든 것을 말해주는 것은 아니잖아요?

게다가 나는 어린이에요. 아직 많은 가능성이 있어요. 앞으로 내가 어떤 능력을 갖추게 될지는 아무도 모르잖아요? 그런데 사람들이 나를 한 부분만으로 판단한다면, 나는 성장할 수 있는 기회를 놓칠 수 있어요. 이 아이는 자폐가 있어서 하지 못할 거라는 생각에 기회조차 주지 않을 테니까요. 그럼 나도 애써 노력하기보다는 지레 포기하게 되겠죠.

둘, 나의 감각은 무척 예민해요.

일상에서 여러분이 아무렇지도 않게 느끼는 빛과 소리, 냄새와 맛, 촉감들이 나에게는 엄청난 고통을 줄 수 있어요. 감각이 예민한 나는 일상의 이런 자극들을 견디기 힘들거든요. 그래서 어떨 때는 수줍음을 굉장히 많이 타는 것처럼 보이다가도, 어떨 때는 너무 흥분해서 폭발하는 모습을 보이게 되죠. 이건 주변의 자극으로부터 나 자신을 보호하기 위해 안간힘을 쓰고 있는 모습이에요.

여러분은 마트에 자주 가시죠. 나는 마트에 잠깐 들르는 것도 지옥에 가는 것만큼이나 싫어해요. 쏟아지는 자극이 나를 너무 힘들게 하거든요.

우선 나는 청각이 굉장히 예민한데, 마트에 가면 너무 많은 소리가 내 주변에서 나를 괴롭혀요. 많은 사람의 이야기 소리와 안내방송과 음악소리에, 여기저기 계산대에서는 금전등록기들이 철커덕거려요. 갓난아기들이 울어대고, 손수레 끄는 소리까지 정신이 없어요. 심지어 형광등에서는 윙윙거리며 불빛이 쏟아져요. 나에게는 참아내기 힘든 자극이죠.

후각도 아주 민감해서, 고기 굽는 냄새와 생선 비린내가 코를 찔러요. 심지어 옆에 서 있는 사람에게서 땀 냄새까지 나요. 온갖 냄새가 뒤섞여 구역질이 날 지경이에요.

눈도 아파 제대로 뜨고 있기가 힘들어요. 나는 시각에 많이 의존하기 때문에 쉽게 눈이 피로해지죠. 매장 안의 불빛이 굉장히 화려하기도 하지만, 불빛이 여기저기서 반사되어 모든 것이 일그러져 보여요. 반짝이는 것들, 천장에 매달려 끊임없이 움직이는 장식물들. 물건들은 또 얼마나 많은지 도무지 집중할 수가 없어요. 눈을 어지럽히는 이 모든 자극이 내 평형감각과 외부의 자극을 수용하는 감각에 영향을 끼쳐요. 나는 내 몸이 지금 어디에 있는지조차 분간할 수 없는 지경이 되죠.

셋, '하지 않는 것'과 '할 수 없는 것'은 달라요.

　나는 사람들의 말을 일부러 듣지 않는 게 아니에요. 단지 말을 이해할 수 없을 뿐이에요. 누군가 내 방 밖에서 무슨 말을 하면, 그 말이 나에게는 이렇게 들려요.

　"☆&∧%$#@, 브라이스, #$%∧☆&∧%$&☆"

　그러니까 나에게 다가와서 알기 쉽게 말해주세요.

　"브라이스, 책은 이제 책상에 두고 밥 먹으러 가자. 점심 먹을 시간이야."

　이렇게 말해주면 나는 금방 알아듣고 다음에 내가 해야 할 일이 무엇인지 생각하고 행동에 옮길 수 있어요.

넷, 난 구체적으로 생각해요. 말을 글자 그대로 해석하죠.

"그 일은 식은 죽 먹기야."

이 말을 들으면 난 죽이 어디 있는지, 왜 죽을 먹으라는 건지 어리둥절할 거예요.

그냥 "넌 그 일을 쉽게 해낼 거야."라고 얘기해주세요.

속담이나 관용어, 두 가지로 해석되는 말, 함축적인 의미, 은유, 넌지시 하는 말, 비꼬는 말들은 들어도 그 의미를 제대로 이해하기 어려워요. 그래서 이런 말은 나와 이야기를 나눌 때 전혀 도움이 되지 않지요.

다섯, 나는 의사소통하려고 애쓰고 있어요.

지금 나한테 필요한 게 뭔지, 내 감정을 어떻게 표현해야 할지 여러분에게 제 의사를 제대로 전달하기가 어려워요. 배가 고파서 짜증이 났거나, 실망스럽거나, 깜짝 놀랐거나, 당황했을 수도 있어요. 하지만 당장은 그런 느낌을 말로 표현하기 힘들어요. 그러니 흥분했거나, 위축되어 보이거나, 당황한 것 같은 나의 몸짓에 신경을 써주세요.

반대로 아주 유창하게 말을 잘하는 경우도 있어요. 이럴 때 내 말투가 약간은 교수나 배우가 하는 말처럼 들릴 수도 있어요. 책에서 읽었거나, 텔레비전에서 들었거나, 또는 다른 사람에게서 들은 말들을 외워두었기 때문이에요. 사람들은 나에게 말을 걸면서 내가 대답할 거라고 기대해요. 그걸 알기 때문에 난 그때그때 필요한 말들을 여기저기서 읽거나 듣고 기억해두죠. 사람들은 이렇게 사용하는 말을 '반향언어echolalia'라고 하더군요. 그런데 난 이 말들의 문맥이나 의미들을 정확히 이해하고 사용하는 건 아니에요. 다만 대답할 말을 생각해야 하는 어려움을 반향언어가 덜어준다는 사실을 잘 알고 있지요.

여섯, 이미지! 난 시각에 의존해요.

　나에게 어떤 일을 가르쳐주려면, 그냥 말로 설명하기보다 일하는 모습을 직접 보여주는 것이 좋아요. 여러 번 반복해서 보여주면 더욱 좋지요. 배우기가 훨씬 쉽거든요.

　일상생활에서는 눈으로 확인할 수 있는 일정표visual schedule가 있으면 생활해 나가는 데 큰 도움이 돼요. 다음에 해야 할 일이 무엇인지 힘들게 기억하지 않아도 되고, 시간을 관리할 수 있게 도와줄 테니까요.

　나는 어른이 되어도 눈으로 확인할 일정표가 필요할 수 있어요. '표현방법'은 달라지겠죠. 글을 읽지 못할 때는 사진이나 간단한 그림으로 표현한 일정표가 필요하겠죠. 하지만 글을 읽게 되면 그림에 글을 섞을 수도 있고, 그 다음에는 글로만 만들어도 될 거예요.

일곱, 할 수 없는 것보다 할 수 있는 것에 관심을 가져주세요.

나를 능력이 부족하다거나 고쳐야 할 점이 많은 아이라고 생각하게 만드는 분위기가 있어요. 이런 분위기에서 내가 무엇을 열심히 할 수 있겠어요. 무얼 해도 좋은 말은 듣지 못할 걸 뻔히 아는데 어느 누가 하고 싶은 마음이 생기겠어요.

내가 할 수 없는 것보다 할 수 있는 것을 눈여겨보고 격려해주세요. 그러면 나도 잘할 수 있는 게 아주 많답니다. 어떤 일을 하는 데 한 가지 방법만 있는 건 아니잖아요. 세상 거의 모든 일이 그렇지 않나요?

여덟, 친구를 사귈 수 있게 도와주세요.

내가 다른 아이들과 놀고 싶지 않아서 운동장 구석에 혼자 있는 건 아니에요. 아이들에게 다가가 말을 걸고 놀이에 끼어드는 방법을 모르기 때문이에요. 나도 시작과 끝이 확실하게 정해진 놀이를 할 때는 최선을 다해요. 혹시 아이들이 발야구 같은 놀이를 하고 있을 때 나도 끼워주라고 얘기해주세요. 아이들과 함께 놀 수 있다면 정말 행복할 거예요.

또 하나, 나는 다른 사람의 얼굴 표정이나 몸짓언어, 감정을 읽을 줄 몰라요. 그래서 사람들의 기분을 상하게 하거나 당황스러운 상황이 연출되기도 해요. 예를 들어, 내 짝꿍이 미끄러져 넘어진 걸 보고 웃음을 터뜨린 적이 있어요. 재미있어서 웃은 게 아니에요. 그런 상황에서 어떻게 반응해야 하는지 몰랐기 때문이에요. 그럴 땐 상대방에게 "괜찮니?"라고 물어보면 된다고 말해주세요. 이런 도움을 주는 사람에게 난 고마움을 느껴요.

아홉, 분노발작의 원인이 무엇인지 확인하세요.

분노발작이 일어날 때 나는 굉장히 고통스럽고 무서워요. 잘 모르는 사람들은 내가 함부로 짜증을 부리거나 벌컥 화를 낸다고 쉽게 말할 수 있어요. 하지만 내가 그런 모습을 보이는 경우는 감각이 과도한 자극을 받았거나, 그동안 쌓인 긴장이 한계를 넘어섰을 때이거든요.

내가 분노발작을 일으키는 원인을 알아낼 수 있다면 정말 좋겠어요. 나도 분노발작을 일으키고 싶지 않거든요. 일지를 만들어서 내가 분노발작을 일으키는 시간과 환경, 사람과 행동들을 기록해두면 어떤 행동유형을 발견할지도 몰라요.

내가 하는 모든 행동은 의사소통의 방식 중 하나라는 걸 기억해주세요. 말로 표현하지 못하는 걸 행동으로 드러내 보이는 거예요. 어떤 행동을 계속 반복한다면, 뭔가 원인이 있는 거예요.

내 행동에는 신체적인 원인도 있어요. 음식에 대한 알레르기와 민감성, 수면장애와 위장장애 등 모든 게 내 행동에 영향을 끼칠 수 있기 때문이에요. 나를 잘 살펴봐주세요. 나는 이런 것들을 여러분에게 설명할 수 없을 테니까요.

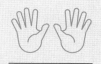

열, 나를 무조건 사랑해주세요.

"네가 이렇게만 해준다면.", "너는 왜 저걸 하지 못할까?"

제발 이런 생각들은 떨쳐버렸으면 좋겠어요. 누구도 부모님의 기대에 그대로 따르지는 못하잖아요. 그리고 내가 자폐를 선택한 건 아니잖아요.

자폐를 무능력이 아닌, 또 다른 능력으로 바라보려고 노력해주세요. 물론 내가 다른 사람과 눈을 맞추거나 대화를 나누는 데 서툴기는 해요. 그렇지만 거짓말을 하거나, 놀이할 때 속임수를 쓰지는 않잖아요. 또 친구들의 일을 고자질하거나, 다른 사람들에 대해 이러쿵저러쿵 평가하지도 않아요.

장차 내가 어떤 사람으로 성장할지는 잘 모르겠어요. 아마 다른 사람들의 도움 없이는 아무것도 되지 못할 거예요. 하지만 내가 자립적인 어른으로 성장할 수 있도록 이끌어준다면, 나는 사람들이 생각하는 것보다 훨씬 잘 해낼 수 있어요.

지금 있는 그대로의 나를 사랑해주세요. 나의 변호인이자, 친구가 되어주세요. 그러면 내가 얼마나 잘 자랄 수 있는지 보여드릴게요.

하나

나는 어린이에요

자폐는 내가 가지고 있는 다양한 개성 중 한 부분일 뿐이에요.

이것만으로 나를 판단하고 규정짓지는 마세요.

"'자폐'라는 말 들어보셨어요?"

나에게 이 질문을 한 건 브라이스의 유아특수교사가 처음이었다. '자폐'라는 말은 내 아이와 상관있는 말이다. 나는 이 말을 듣는 순간 두려움을 느꼈다. 이 말이 아이의 앞날에 온통 먹구름을 드리울 수 있기 때문이다. 브라이스는 자폐 진단을 받기 전부터 내가 사랑해온 아들이다. 자폐가 우리의 이런 관계를 훼손할수는 없다. 나는 자폐가 아이를 규정짓는 그 무엇이 되도록 내버려두지 않을 것이다.

지금 나는 '아이를 먼저 보고 자폐를 보는 태도'와 '먼저 자폐를 보는 태도' 사이의 대립을 말하려는 것이 아니다. 말은 맞는데, 이 말이 듣는 사람들에게 오해와 편견을 심어줄 수 있다는 사실을 말하려는 것이다. 누군가 달성 가능한 장기적인 목적을 향해 열심히 뛰어 성장하고 발전하려는 것을 방해하는 오해와 편견 말이다.

이 사회에서 '자폐'라는 말은 호의적인 반응을 불러일으키지 않는다. 그래서 자폐아를 보면 사람들은 대부분 '말수가 없고 수줍음을 많이 타는 별난 아이'로 여긴다. 다시 말해서, 자폐아를 보면 먼저 한계부터 생각한다. 아니면 반대로 '황당하고 반사회적이고, 컴퓨터나 수학 혹은 음악 신동'이라는 식으로 생각해 부모들을 숨 막히게 한다.

여러분은 이런 편견에 맞서야 한다. 그러기 위해 먼저 짚고 넘어가야 할 문제가 있다. 바로 '언어가 사람들에게 어떤 연상작용을 불러일으키는가?' 하는 점이다. 자폐를 조금이라도 이해하기 위해 정보를 검색하던 초기에 나는 우연히 정말 터무니없는 온라인 사전을 발견했다. 사전에는 '자폐autistic'라는 단어와 '능력이 없는unfit'이라는 단어를 서로 동의어로 짝지어놓고 연달아 155개에 달하는 '관련용어' 목록을 늘어놓았다. 목록에는 '마비된, 긴장병의, 감정적으로 죽은, 탐욕스러운, 무정한, 자기중심적인, 자아도취적, 영혼이 없는, 무감각한, 접촉할 수 없는'이라는 단어들이 포함되어있었다. 이 단어들 가운데 어느 것 하나도 내 아이의 특징을 표현해주지 못했다. 장담하건대, 여러분의 아이도 마찬가지일 것이다.

나는 개인적으로 내 아들을 표현할 때 '자폐'라는 말을 쓰지 않는다. 내 아들에게 자폐가 있다는 사실을 깨달았던 그 순간부터 그랬다. 그리고 아이와의 경험에서 추려낸 나만의 '관련용어' 목록을 만들었다. 목록에는 '성공적인, 열중하는, 침착한, 근면한, 자신 있는, 독특한, 친절한, 공손한, 책임감 있는, 단정한'과 같은 단어가 포함되어 있다.

사전에 뭐라고 적혀있든, 결국 아이의 성취에 궁극적인 영향을 끼치는 유일하면서도 가장 중요한 요인은 우리가 아이의 자폐에 대해서 어떤 신념을 갖느냐이다. 여러분은 강력한 힘을 지닌 사람이다. 그 힘은 바로 신념에 따른 전망이다. 여러분은 자신의 신념에 따라 선택한 전망을 실현하기 위해 하루에도 수백 번씩 어떤 결정을 내릴 것이다. 그런데 여러분이 아이를 전인적인 존재로 바라보지 못한다면, 여러분과 아이의 삶은 자폐라는 꼬리표 때문에 더 많은 난관에 부딪칠 것이다.

자폐는 그 자체로 완전히 두렵기만 한 것은 아니다. 그리고 자폐가 아이의 모든 단점의 원인도 아니다. 아이들은 누구나 발달 단계상의 시간표에 따라 균형과 불균형 상태를 넘나들면서 나선형으로 성장한다. 그리고 대부분의 아이들은 자신의 한계를 시험하려고 든다. 예를 들어, 여러 사람 앞에서 험한 말을 하고, 올림픽에 나가도 될 정도로 고집을 부리고, 공중위생을 무시하고, 원하는 것을 얻지 못하면 울음을 터뜨리기도 한다. 이런 행동들을 모두 자폐 탓으로 돌리는 것은 정확한 판단도 아닐뿐더러 공정하지도 않다.

그러다 자칫 잘못하면 여러분은 아이가 발달의 전형적인 여러 측면들을 경험할 기회마저 빼앗게 될 수도 있다. 자폐아도 다른 아이들과 마찬가지로 희망이 있고, 취향이 있으며, 좋아하고 싫어하고 두려워하는 마음을 느끼고, 꿈을 간직하고 있다. 아이는 자라면서 혹시 말로 표현하지 못하더라도 그런 측면들을 여러분에게 드러낼 수 있을 것이다.

편견으로 얼룩지지 않은 삶을 시작하고 교육받을 권리는 모든 아이에게 있다. 꼭 무슨 악의를 가지고 아이에게 꼬리표를 붙이지는 않더라도, 그 꼬리표가 해를 끼치지 않는 경우는 거의 없다. 그러니 아이가 우리의 기대와 아이 자신의 잠재력으로 자기만의 색깔을 갖기 전까지 우리는 다양한 방법을 검토해야 한다.

너무 낮은 기대

"브라이스가 대단한 능력을 보여주고 있어요. 공부도 잘하고, 학급 일에도 아주 열정적으로 참여해요. 책임감도 강하고요." 중학교에서 열린 첫 학부모회의 때 교사가 나에게 해준 말이다. "그동안 나는 자폐아가 어느 정도 할 수 있는지 안다고 생각했어요. 전에 맡았던 반에도 자폐아가 있었거든요. 그런데 브라이스를 보고 정말 놀랐어요. 모든 면에서 내가 알고 있는 정도를 뛰어넘어요. 훨씬 더 활기가 있고, 단체에 적응도 잘해요."

잠시 뒤, 교사는 갑자기 목소리를 낮추더니 속삭이듯 내게 물었다. "이제는 이해가 돼요. '자폐'라는 말을 들으면 아무래도 아이에 대한 기대가 낮아지잖아요. 내가 제대로 이해하고 있는 건가요?" 교사는 제대로 이해하고 있었다. 브라이스 다음에 올 모든 자폐아를 생각하면 참으로 다행스런 일이다. '아이'를 '자폐'라는 말로 한정지을 때마다 그동안 마음속으로 아이가 할 수 있거나 할 수 없는 것에 대해 경계 지었다는 사실을 이 교사는 깨달은 것이다.

아이를 대하는 사람들은 대부분 아이의 능력에 대해 기대치를 정한다. 기대가 너무 낮을 수도 있고("내가 그걸 할 수 있다고 생각하지 않는다고요? 그렇다면 왜 내가 그걸 해야 하죠?"), 너무 높을 수도 있다("난 그걸 절대로 할 수 없어요. 그런데 왜 내가 그걸 해야 하죠?"). 어느 경우가 되었든, 이는 아이에게 우리의 잘못된 생각이나 기대에 부응하기 위해서 가지 않아도 될 길을 가라고 강요하는 꼴이 될 수 있다. 꼭 그래야 하겠는가? 지금도 아이가 갈 길은 충분히 멀다.

여러분 스스로 판단해보기 바란다. '자폐'라는 말이 아이 앞에 펼쳐질 미래의 가능성에 대한 여러분의 기대를 어느 정도 제한하는가? 만일 제한한다면, 미리 결정된 것은 아무것도 없다는 사실을 기억하기 바란다.

너무 높은 기대

'오늘은 자폐지만, 내일은 천재'

운전 중에 우연히 앞에서 달리던 자동차에 붙어있는 이 글귀를 발견하고 나는 깜짝 놀랐다. 아무리 선의라 하더라도 잘못된 고정관념은 위험하기 때문이다.

자폐아는 머지않아 머리 좋은 괴짜로 깨어날 것이라는 개인적 또는 사회적 관념은 너무 높은 기대감을 불러일으킨다. 그리고 이러한 기대감은 부모가 아이의 특성조차 제대로 파악하지 못한 채 아이를 몰아가게 자극하고, 결국 아이가 만성 부적응을 안고 살아가게 만들 가능성이 높다. 스스로 천재임을 증명해 보이길 기다리는 참을성 없는 사회의 눈초리를 상상해보라. 아이에게 이러한 기대감은 무거운 짐이 될 수밖에 없다. 여섯 살 난 자폐아를 둔 어떤 어머니는 아이에 대한 질문들 가운데 가장 자신을 괴롭힌 말이 "이 아이의 재능은 뭔가요?"라는 물음이었다고 한다.

나는 진짜로 수학천재로 성장한 자폐 청년을 알고 있다. 지금 이 청년의 어머니는 수학천재인 아들이 장기적 실업자인 것을 걱정한다. 천재들이 직장에서 지시를 따르고, 목표를 세우고, 마감 기한을 맞추는 등의 일에 적응하지 못하거나, 직장동료들 또는 고객들과 제대로 상호작용하지 못하는 것을 봐왔기 때문이다. 청년의 어머니는 아들이 천재가 아니라, 사교성과 대중적인 직업능력을 갖췄더라면 오히려 더 행복했을 것이다.

자폐를 가진 몇몇 아이들은 언젠가 천재성을 드러낸다. 그러나 대부분의 아이들은 그렇지 않다. 몇몇 사람들이 천재성을 드러내지만, 대부분의 사람이 그렇지 않은 것처럼 말이다. 그리고 아이의 천재성이 삶에서 자립성이나 만족감을 보장해주지는 않는다.

너무 다양한 아이들

자폐아들은 굉장히 다양한 개성을 드러낸다. 자폐 안에서도 능력은 천차만별이기 때문이다. 그러다 보니 서로 다른 아이들에 대해 간략하게 설명하기가 어렵다.

"우리 아들은 공부하는 건 거의 학자 수준이에요. 그런데 배운 걸 활용하지 못해요." 성인이 된 아들을 위한 서비스를 찾고 있던 이 어머니는 아들이 일상생활의 문제를 제대로 해결하지 못해 어려움을 겪고 있었다. 아들에게 혼자 버스 타는 것을 가르치는 데 4년이 걸렸다고 말했다. 반면, 브라이스는 종종 정보를 검색하느라 애쓴다. 그리고 표준화된 검사를 받을 때면 항상 괴로워한다. 하지만 열다섯 살 때 혼자 버스 타는 것을 배우는 데는 한 시간밖에 걸리지 않았다. 브라이스가 배우기를 원했던 많은 일상생활의 기술도 마찬가지였다.

두 젊은이는 모두 자폐인으로 불린다. 자폐는 다양한 개성을 가진 아이들의 독특한 변화와 요구를 제대로 설명하지 못한다. 그렇기 때문에 자폐라는 말이 불러일으키는 획일적인 생각은 아이들이 필요로 하는 개별 서비스를 받지 못하게 막을 수 있다.

너무 남용되는 말

자폐 진단의 증가와 부모, 교육자, 의료 전문가 그리고 옹호 단체들의 노력으로 자폐에 대한 관심이 커졌다. 그래서일까, '자폐'라는 말이 널리 사용되면서 남용되는 지경에 이르렀다. 2011년에 이 말이 성인, 특히 정치인들의 비협조적이거나 적대적인 행동을 묘사하는 경멸적인 의미로 한국 언론 매체에 여러 차례 등장했다. 또한 유럽에서는 이 말이 속어로 사용되고 있었다. 언론 매체에서도 '자폐 지식인'이라는 제목을 달고 어느 유명한 교수의 경제에 대한 견해를 비판하기도 했다. 심지어 나는 미국에서 십 대들이 어느 아이를 "너 자폐냐?"라고 하면서 비웃는 걸 들은 적이 있다. 순간적으로 말을 잘 못하거나 화를 내야 할 상황인데 묵묵부답인 친구를 놀릴 때 하는 말이었다.

나는 이러한 잘못된 언어표현에 반대한다. 자폐라는 말이 편리한 비방으로 선택되는 문화 관념은 사회가 우리 아이들을 온전한 사람으로 받아들이는 데 또 다른 장벽이 된다. 우리 아이들은 분명한 요구와 장점을 가진 개인으로 대우받고 교육받을 권리가 있다. 따라서 우리의 언어표현이 더 명확해져야 하고, 아이에 대한 표현도 긍정적인 방향으로 변해야 한다.

'자폐'라는 말로 결정되는 것은 아무것도 없다. 그리고 여러분 앞에 놓인 시간도 결말을 알 수 없는 가능성으로 가득 차 있다. 여러분은 이 사실을 꼭 기억하기 바란다.

둘

나의 감각은 무척 예민해요

일상에서 여러분이 아무렇지도 않게 느끼는 빛과 소리,
냄새와 맛, 촉감들이 나에게는 엄청난 고통을 줄 수 있어요.
그래서 어떨 때는 굉장히 수줍음을 많이 타는 것처럼 보이다가도,
어떨 때는 너무 흥분해서 폭발하는 모습을 보이게 되죠.
이건 주변의 자극으로부터 나 자신을 보호하기 위해
안간힘을 쓰고 있는 모습이에요.

여러분이 세계에서 가장 강력한 롤러코스터를 탔다고 상상해보자. 여러분이 롤러코스터를 싫어한다면, 이런 상상은 더 좋은 예가 될 수 있다. 여러분은 롤러코스터를 타고 일상적인 업무를 처리할 수 있는가? 어지러움과 비명, 밀려오는 공기의 힘, 예기치 못한 하강과 급격한 방향전환들을 견디면서 말이다. 회의를 진행하고, 아이들을 가르치고, 즐거운 저녁식사를 하고, 보고서를 작성하고, 집을 청소할 수 있는가? 어쩌다 한 번 롤러코스터를 타는 사람이라면 짜릿한 재미를 느낄 수도 있다. 하지만 대다수는 3분도 채 안 되어 롤러코스터에서 내리고 싶어 할 것이다. 그런데 자폐아들은 내리고 싶어도 내릴 수 있는 문이 없다. 하루 24시간,

일주일, 1년 내내 마치 롤러코스터를 탄듯한 상태가 계속된다.

    세상은 자폐아에게 너무 시끄러워 집중할 수가 없고, 빛은 너무 강렬해 눈을 뜰 수조차 없고, 냄새가 진동해 숨을 쉬기도 힘들고, 자기 몸을 어떻게 움직여야 할지 모르겠는 복잡한 곳이다. 아이의 두뇌는 쏟아져 들어오는 감각 정보들을 걸러내지 못한다. 그래서 아이는 종종 과중한 부담에 시달리며 방향감각을 잃고 혼란에 빠진다. 자폐아들의 이러한 감각문제가 현실이 아니라거나, 모두 아이들 머릿속이 문제라서 그런 것이라고 치부해버리는 사람들도 있다. 하지만 아이의 감각이 상상 이상으로 예민하다는 사실을 무시한다면, 여러분은 결코 아이의 능력을 발견할 수 없다. 감각은 아이가 자신의 모든 능력을 발휘하는 데 결정적인 역할을 하기 때문이다.

    자폐를 이해하는 데 있어서 가장 중요한 것이 감각통합이라고 할 수 있다. 그런데 안타깝게도 감각통합은 비전문가들이 이해하기에 무척 복잡한 분야이다. 이미 오래 전에 과학은 뇌간에서 일어나는 감각통합에 기능장애가 발생하면, 뇌에서 교통정체가 일어난다는 사실을 밝혀냈다. 여러분도 감각의 과부하로 인한 징후를 직접 목격하고 있으면서 깨닫지 못했을 수 있다. 자폐아들이 두 손으로 귀를 막는 것이 그 명백한 징후이다. 또 일명 '상동행동'이라고 불리는 행동들이 있다. 몸 흔들기, 깨물어 부수기, 안절부절못하기, 문지르기, 정처 없이 돌아다니기, 그밖에 반복적으로 하는 버릇 같은 자기자극행동이 그것이다. 더 나아가 공격성과 어설픈 행동들, 상처에 대한 과잉반응이나 미온적인 반응처럼 딱히 설명하기 힘든 행동들도 모두 그 배후에 감각적인 원인이 있을 수 있다. 분노발작과 같은 더 극단적인 행동의 경우에는 원인들이 명확하지 않을 수도 있다. 하지만 대부분 이해할 수 없는 행동들의 원인으로 아이들 감각에 과도한 부담이 쏠리지 않았는지 제일 먼저 의심해보아야 한다.

아주 미묘하면서도 복잡한 문제이기 때문에 의문을 확인하는 데 시간이 오래 걸릴 수도 있다. 하지만 뚜렷한 이유 없이 제멋대로인 것처럼 보이는 행동도 결코 난데없이 나타나지는 않는다. 행동에는 항상 기폭제가 있기 마련이다. 이는 자폐에 관한 몇 안 되는 보편적인 진리 가운데 하나이다. 그러므로 여러분은 반드시 그것을 찾아내야 한다. 이때 명심해야 할 사실은, 아이는 언어능력이 없거나 부족하기 때문에 무엇이 자기를 불편하게 하는지 여러분에게 말하지 못한다는 점이다. 언어능력이 좋아 보이는 수다쟁이 아스퍼거증후군 아이도 복잡한 신경계통 안에서 일어나는 일에 대해 설명할 수 있을 정도로 충분하고 정교한 어휘나 지식을 지니고 있지는 못하다.

감각통합에 대해 실용적으로 이해를 넓혀가기란 힘든 일이다. 우리 몸에는 무려 스물한 개나 되는 감각 시스템이 작동하고 있기 때문이다. 이중에서 우리는 두드러진 다섯 감각에 친숙하다. 시각(보기)과 청각(듣기), 촉각(만져보기)과 후각(냄새 맡기), 그리고 미각(맛보기)이다. 또 다른 다섯 감각은 일반적으로 인간의 감각이라고 말하는데, 평형감각(균형감각 혹은 전정감각), 자기수용감각과 근감각(방향감각과 위치감각), 통각수용(통증), 시간감각(시간에 대한 감각), 차갑고 뜨거움을 감지하는 감각(온도 차이)이다. 이런 감각들 중 어느 하나라도 문제가 생기면 아이의 생활에 큰 혼란을 불러일으킬 수 있다.

감각 시스템에 대한 포괄적인 논의는 본 장에서 다루고자하는 내용을 벗어난다. 여기서는 간략하게 각각의 감각과 감각기능에 어려움이 있다는 것이 아이에게 무엇을 의미하는지 이야기할 것이다. 과민한 감각 시스템은 과도한 부담에 시달리는 감각들을 진정시킬 필요가 있다. 반대로 감각들이 지나치게 둔감하거나 미온적으로 반응하는 경우도 있을 수 있다. 이런 경우에 필요한 것은 진정이 아니라, 둔감한 감각에 경보를 울리는 것이다. 아이의 모든 감각이 다 똑같이 민감하지 않을 수도 있다. 어떤 감각은 과민하고, 어떤 감각은 지나치게 둔감할 수도 있다. 또 어떤 감각은 그날그날, 심지어 시시각각 달라질 수도 있다.

시각

자폐아들에게 시각은 가장 강력한 감각이다. 이는 좋은 소식인 동시에 나쁜 소식이기도 하다. 세상을 알아가고 항해할 때 아이들은 거의 전적으로 시각 정보에 의지한다. 그래서 시각은 가장 먼저 과도한 자극을 받는 감각이 될 수 있다. 눈부신 빛이나 물체, 빛을 반사하는 표면을 바라볼 때, 눈앞에 물체가 너무 많을 때, 물체가 빠르거나 불규칙적인 속도로 움직일 때, 아이의 눈에는 물체의 상이 뒤틀려 보이고 감각에 혼란이 발생할 수 있다. 아주 많은 자폐아에게 이런 감각현상이 보편적으로 나타난다. 이에 대해서는 뒤에서 다시 상세히 언급하겠다.

그리고 여기서 꼭 기억해야 할 것이 있다. 자폐아들 가운데 시각이 약하거나 체계화되지 않은 아이들도 몇몇 있다는 사실이다. 아이가 몸을 움직이거나 흔들고(초점을 맞추기 위해 각도를 바꾸려고 애쓰고), 높낮이(사다리와 계단)의 변화를 경계하거나, 움직이는 물체(달리는 장난감 기차, 돌아가는 자동차 바퀴)에 열광한다면 시각에 문제가 있는 것이다. 신체적인 한계 또한 작용한다. 어떤 아이들은 깊이를 잘 인식하지 못하고, 어떤 아이들은 가시범위가 제한되어 있다. 혹은 아이들에게 보이는 세계가 마치 피카소의 그림처럼 왜곡되고 조각나 있을 수 있다.

청각

청각은 우리에게 엄청난 양의 정보를 제공한다. 우리는 음량, 음조, 빈도, 떨림과 같이 소리를 구성하는 여러 가지 특징과 소리의 방향까지 즉석에서 해석한다. 목소리와 발자국 소리와 자동차 소리를 확인하기 위해 고개를 돌린다. 여러분의 청력이 보통 수준이라면, 엄청 큰 소리만 들려도 여러분은 움찔하며 귀를 막거나 자신의 몸을 보호하려고 할 것이다.

자폐인들이 가장 흔히 손상을 입는 감각이 바로 청각이다. 청각이 과민하면 심한 고통을 겪을 수도 있다. 일상의 소리가 너무 크게 들리거나, 음조가 너무 높거나, 소리가 너무 갑작스럽거나, 너무 많은 소리가 한꺼번에 들리는 것이다. 그리고 자폐아는 여러분의 귀에는 들리지 않는 소리를 들을 수도 있다. 하지만 소리를 걸러내거나 견딜 수 있는 능력은 부족하다. 그래서 드라이어나 텔레비전의 소리 너머로 말하는 여러분의 목소리를 구별해내지 못한다. 교실에서는 아이들의 부산한 움직임과 소곤거리는 소리 때문에 선생님의 목소리를 구별해내지 못한다. 그래서 평범한 관찰자에게는 질서정연하게 보이는 환경들이 청각 과민 아이에게는 시끄럽고 혼란스러운 지뢰밭일 수도 있다.

예를 들어, 깃발이 바람에 펄럭이며 내는 소리, 체육관의 농구시합 소리, 거리와 운동장의 소음, 응급자동차의 사이렌은 우리가 일상적으로 경험하는 소음들이다. 그런데 이런 소음들조차 자폐아에게는 고통을 줄 수 있다. 또한 소방훈련 사이렌이나 화재경보기 같이 느닷없이 들려오는 굉음들은 아이에게 심한 공포감을 불러일으킨다. 공포를 느낀 아이를 진정시키는 데는 많은 시간이 걸릴 수도 있다. 극단적인 예를 들어보자. 한 방에 있는 다른 사람의 심장박동 소리를 들을 수 있는 아이가 있다. 혹시 이 아이와 함께 해변에서 철썩이는 파도 소리를 즐기고 싶은가? 파도는 잊어주기 바란다. 철썩거림은 모두에게 두통을 안겨줄 뿐이다.

별로 위협적이지 않은 소리들도 심하진 않지만 아이를 괴롭히며 힘들게 한다. 아이가 자기 방으로 숨어들어가는 것은 가족이 싫어서가 아니다. 아이는 식기세척기, 커피 끓이는 기계, 세탁기, 건조기, 텔레비전, 휴대전화 통화 소리들을 피해서 도망치는 것이다. 교실에서 다른 아이들은 선생님의 목소리에 귀를 기울인다. 그러나 자폐아들은 창문턱에서 윙윙대는 파리 소리와 뒤에서 계속 기침하는 아이의 소리와 복도를 걸어가는 아이들의 소리, 운동장에서 들려오는 소리들 사이에서 선생님의 목소리를 가장 중요한 소리로 식별해내지 못한다.

유명한 자폐인 저술가 템플 그랜딘Temple Grandin은 자신의 경험에 비추어 이러한 상황을 아주 간결한 문장으로 표현한 적이 있다. "마트에 가면 마치 록큰롤 콘서트장의 스피커 안에 들어가 있는 것 같다."

이처럼 과민한 청각은 언어의 발달과 사용, 사회성 학습 그리고 공부에 영향을 끼친다. 아이는 말을 놓치거나 특정 유형의 소리를 듣지 못할 수 있다. 아이가 게으름을 피우거나 명령이나 지시에 따르지 않는 것처럼 보이는 건, 감각처리의 어려움으로 인해 일상의 소리들을 걸러내어 들을 수 없기 때문이다.

지나치게 둔감한 청각을 가진 아이는 소리가 전달하는 정보를 처리하느라 고군분투한다. 아마도 아이는 아주 작거나 굉장히 큰 소리로 말할 것이다. 요란한 소리를 내는 기계들(잔디 깎는 기계, 헤어드라이어, 믹서기)을 좋아하고, 더 많은 감각자극이 주어지는 환경을 찾아 나설 것이다. 시끄러운 소리를 내기 위해 물건들을 거칠게 다루고, 세차게 흐르는 물(폭포, 변기에서 내려가는 물)에 열광하고, 진동하며 윙윙거리는 장난감들을 좋아한다.

감각이 예민하든 둔감하든, 청각처리의 어려움은 피할 수 없다. 그래서 아이는 글이나 시각적인 지시는 잘 따를 수 있지만, 말로 하는 지시는 이해할 수 없거나 이해하기 위해 고군분투해야 한다.

촉각

우리의 피부는 놀랄 정도로 많은 양의 정보를 감지한다. 강한 압박에서부터 가벼운 스침까지, 뜨거움에서 차가움까지, 다양한 형태의 고통이나 자극, 진동과 또 다른 움직임, 끈적끈적한 것에서부터 거친 것에 이르는 다양한 감촉을 감지한다.

감촉에 과민반응을 보이는 것은 촉각의 방어기제이다. 그런데 자폐아는 쏟아지는 고통스런 감촉들을 조절해내지 못한다. 피부에 닿는 불편한 옷, 다른 사람들의 달갑지 않은 접촉(여러분의 따뜻하고 친밀한 포옹도 아이에게는 고통이 될 수 있다), 물건을 만지거나 음식을 먹을 때 느껴지는 불쾌한 감촉들 말이다.

감촉에 과민반응을 보이는 아이는 옷에 붙은 상표, 단추, 지퍼, 손목이나 목에 두른 고무단, 의복의 장식물들 때문에 끊임없이 혼란스럽다. 아이가 집안에서나 바깥에서 맨발로 돌아다니는 것은 괜히 하는 행동이 아니다(여러분 가정에 발끝으로 걷는 사람이 있는가?). 아이가 여러분의 포옹을 피할지도 모른다. 그리고 이발하고, 머리 감고, 이를 닦고, 손톱을 깎을 때 마구 저항할지도 모른다. 손가락으로 그림 그리기와 모래놀이처럼, 아이와 함께 하는 활동들은 재미보다 오히려 스트레스를 유발한다.

　　반대로 감촉에 둔감한 아이는 자극을 원한다. 어떤 아이는 벽에 손을 댄 채 교실 복도를 돌아다니고, 누구든 무엇이든 만진다. 아이는 당혹스럽거나 심지어 충격적인 행동을 하고, 때로는 위험한 행동도 한다. 상처가 날 정도로 자기 몸을 물고, 꼬집고, 다양한 물건으로 압력을 가하고, 너무 세게 이를 닦는다. 그래도 아이는 자기가 하는 행동의 강도를 모른다. 통증과 온도를 느끼는 임계점이 높다는 것도 모른다. 아이는 꽉 끼고, 무겁거나 거친 질감의 옷을 더 좋아할 수 있다. 아이는 감각을 느끼고 싶어 일부러 사람들이나 물건들을 마구 만지고 부딪칠 수 있다. 그러다가 결국 사람들의 좋지 않은 반응에 움츠러들 것이다. 촉각이 둔감한 아이는 끊임없이 접촉을 시도하기 때문에 부모는 아이를 귀찮은 껌딱지로 여기고, 다른 사람들은 아이의 접촉에 불쾌함을 느낀다.

전문치료사들은 과민한 촉각을 진정시키고 둔감한 촉각을 일깨울 수 있는 효과적인 방법이 있다고 말한다. 어떤 어머니의 치료경험을 소개할까 한다. 어린 시절 내내 옷을 입지 않으려 하던 아들이 초등학교 3학년이 되자 청바지를 즐겨 입게 되었다. 5학년으로 올라가자 아이는 온갖 종류의 끈적거리고 스멀거리는 동물들과 물질들이 득실거리는 야외에서 아무런 거부감 없이 도보여행을 하고, 자전거를 타고 돌아다녔다. 어떻게 가능한가? 전문치료사의 도움을 받아 적절하고 꾸준한 개입이 이루어진다면 실현될 수 있다.

후각

"으으으! 이거 무슨 냄새야?" 우리가 집에서 흔히 듣는 소리다. 내 코에는 아무 냄새도 나지 않는데, 가족 중에 이런 말을 하는 사람이 꼭 있다. 보조교사들이 나에게 이런 말을 한 적이 있다. 분명히 아침에 샤워를 하고 학교에 갔는데, 자폐 학생들이 "선생님한테서 웃기는 냄새가 나요!"라며 인사를 한다는 것이다. 후각의 방어기제는 냄새에 과민한 반응을 보이는 것인데, 이는 자폐아들에게서 흔히 나타나는 현상이다.

사람들은 상쾌하게 느끼거나, 때론 느끼지도 못하는 향기와 향수, 방향제가 자폐아를 괴롭힐 수 있다. 특정한 페인트나 아교, 세정제 때문에 머리가 아프고, 생선, 마늘, 치즈 냄새 때문에 기분이 상하거나 눈물이 난 적 있는가? 그렇다면 그런 느낌을 여러 번 반복해서 경험해보기 바란다. 그러면 여러분은 아이가 무엇과 맞서 싸우고 있는지 어느 정도 이해하게 될 것이다.

몇 년 전에 우리 가족은 오랫동안 기대해오던 디즈니랜드 여행을 떠났다. 그런데 브라이스의 예민한 후각 때문에 여행을 시작하자마자 그만둘 뻔했다. 우리는 가급적 아이의 눈에 익숙해 보이게 하려고 집에서 타는 자동차와 동일한 회사의 동일한 모델로 임대자동차를 예약했다. 나는 브라이스에게 비행기에서 내리면 '우리 것과 같은' 자동차가 기다리고 있다가 우리를 호텔로 데려다줄 것이라고 말했다. 아이가 글자 그대로 생각한다는 사실을 대수롭지 않게 여겼던 게 화근이었다. 아이는 집에서 타던 우리 자동차를 상상하고 있었다. 그런데 막상 임대자동차는 '우리 것과 같은' 자동차였지만, 엄청나게 특별했다. 새 자동차였다. "이건 냄새 나는 차야!" 아이는 판결을 내렸다. 아이는 차에 타려고 하지 않았고, 어렵게 태워 가는 동안에도 내내 "냄새나! 냄새 나는 차!!!"라는 말을 주문 외듯 수없이 되뇌었다. 이틀

날 놀이동산에 갈 때, 우리가 호텔의 셔틀버스를 이용했다는 말까지 할 필요는 없을 것이다.

가정에는 아이들의 후각을 해칠 수 있는 물건들이 무궁무진하다. 예를 들면, 향기 나는 세제(만일 세제가 옷에 남아있으면, 아이는 거기에서 벗어날 수 없을 것이다.)와 향기 나는 목욕용품과 공기청정제와 화장품, 표백제, 방향 처리된 청소용품, 요리할 때 나는 냄새, 마당과 정원에서 사용하는 화학제품 등이 그렇다.

학교에 가면 또 어떤가. 미술실과 실습실, 향수를 뿌린 사람들, 낡은 석유난로, 사물함에 넣고 며칠 동안 잊어버린 점심 등이 아이를 기다린다. 여러 자폐 학생이 구내식당에서 억누를 수 없을 정도로 심한 구역질을 일으킨 경험이 있다고 알려져 있다. 만약 여러분의 아이가 점심시간에 나는 냄새를 힘들어한다면, 다른 곳에서 점심을 먹게 해야 한다.

미각

미각은 후각과 밀접하게 연결되어 있다. 후각은 일종의 보초병 역할을 한다. 만일 먹으려고 하는 음식에서 수상한 냄새가 나면, 이를테면 탔거나, 썩었거나, '상한' 냄새가 나면, 우리는 그 음식을 입에 넣지 않는다. 이는 독물과 독소를 섭취하지 않도록 예방하는 자연스런 행동이다. 또한 음식 냄새는 맛을 다르게 느끼게 할 수 있다. 이비인후과 의사인 도널드 레오폴드는 "음식의 맛을 구성하는 요소는 냄새, 맛, 질감, 온도가 있으며, 이 각각의 느낌들은 음식을 입안에 넣고 온전히 맛을 느낄 때 영향을 준다."고 했다.

과민한 미각은 쓴 맛과 매운 음식에서 나는 '얼얼한 맛'과 같은 날카로운 맛에 대해 무척 민감하게 반응한다. 또 음식의 온도나 질감에 따라 음식을 거부할 수도 있다. 자폐아는 아이스크림이나 냉장주스와 같이 찬 음식, 푸딩이나 통조림 복숭아처럼 줄줄 흐르고 미끌미끌한 음식, 샌드위치나 스프처럼 여러 가지 맛이 섞인 음식을 피할지도 모른다. 아이들은 깜짝 놀랄 정도로 식성이 까다롭다. 심한 경우에는 먹을 수 있는 음식의 종류가 몇 가지밖에 안 되는 아이들도 종종 있다.

반면, 맛을 감지하는 기능이 떨어져 맛에 지나치게 둔감한 아이들도 있다. 그래서 이런 아이들은 눈에 보이는 음식은 다 먹는다. 무엇이든 다 맛있기 때문이다. 반대로 너무 적게 먹기도 한다. 감각에 즐거운 경험을 안겨주는 음식에 관심이 없고 의미를 찾지 못하기 때문이다. 또는 맛이 전혀 어울리지 않는 음식들을 함께 먹는다. 예를 들어, 피클과 아이스크림을 함께 먹거나, 감자튀김을 복숭아 요구르트에 넣어 먹기도 하고, 핫도그에 땅콩버터를 발라 먹는 식이다. 심지어 먹을 수 없는 것들도 먹는다. 흙이나 접착제, 커피찌꺼기, 먼지뭉치, 종이 같은 것들로, 그 종류를 보면 끔찍할 정도로 많다.

건강을 위해서는 맛에 지나치게 민감하거나 둔감한 것 모두 바람직하지 않다. 민감한 아이는 채소처럼 건강에 이로운 음식들을 먹으려 하지 않을 수 있다. 반대로 둔감한 아이는 과식 때문에 질병에 걸리기 쉽다. 또 이런 아이는 나중에 성인이 되어서 지나친 음주와 흡연에 빠질 가능성도 크다.

미각의 민감도를 다루는 데는 시간과 인내가 필요하다. 전문치료사의 도움이 필요하다. "혼자 집에서 애쓰지 마라." 여러분의 정신건강을 위해서 하는 말이다.

전정감각과 자기수용감각

이 두 감각은 대단히 중요하지만 이해하기가 어렵다. 우리 몸에 문제가 없을 때는 관심도 두지 않는 감각들이기 때문이다. 하지만 문제가 발생하면, 이 두 감각이 제대로 작동하는지 여부를 의심해야 된다.

전정기관은 눈과 머리의 위치변화에 반응하여 평형감각(균형, 안정)을 조절한다. 그 지휘센터는 속귀 안에 자리잡고 있다. 자기수용감각은 관절과 근육에서 오는 반응을 이용하여 우리의 몸이 어느 공간에 있고, 그 위에 어느 정도의 힘과 압력이 가해지고 있는지를 알려준다. 비전문가의 눈으로는 전정감각과 자기수용감각에 생긴 문제들을 쉽게 인식할 수가 없다. 그래서 원인도 모른 채, 치료도 하지 않고 아이를 방치할 위험이 있다. 이는 아이 혼자 엄청나게 적대적인 환경에 맞서 싸우게 내버려두는 것이나 다름없다.

전정감각과 자기수용감각이 손상되면 일상적인 운동기능이 크게 떨어지거나, 심하면 정지할 수도 있다. 아이는 자기 발에 걸려 넘어지고, 벽에 부딪혀 튕겨 나오고, 의자에서 떨어질지도 모른다. 아이는 중력불안장애를 경험할 수도 있다. 중력불안장애는 발이 지면에서 떨어지는 상황에 놓이면 불안을 느끼는 현상을 말한다. 미끄럼틀 계단을 오르거나, 자전거를 타거나, 발걸이 없이 지나치게 높은 의자에 앉을 때처럼 말이다. 이런 아이는 기본적인 움직임을 조절하는 데도 불안감이 있다. 그런데 뭔가 새로운 기능을 배워야 한다고 하면, 아이의 불안감은 더욱 커진다. 많은 자폐아들이 운동을 싫어하는 까닭이 여기에 있다. 아이들은 운동을 할 때 엄청나게 많은 움직임을 조절해야 한다. 특정한 위치를 지키고, 몸을 날려 공을 잡고, 풀쩍 뛰어 공을 던지거나 또는 드리블을 하고, 조준을 해서 농구공을 던지는 것과 같이 여러 가지 총체적인 운동기능과 순차적으로 움직임을 실행하는 운동계획 능력을 갖춰야 한다. 게다가 사회인지 요소도 필요하다. 규칙을 기억하고, 규칙을 적용하고, 같은 팀의 선수와 의사소통을 해야 한다. 또 아이는 시합을 망치면 같은 팀의 선수들과 어른들에게 야단맞을 것이라고 예상한다.

전정감각장애는 신체의 거의 모든 기능에 영향을 끼칠 수 있다. 균형감각을 잃고, 수시로 멀미가 나고, 귀가 막힌 느낌이 들거나, 불량 라디오를 들을 때처럼 소리가 깨져서 들리고, 물체나 인쇄물이 흐릿하거나 움직이는 것처럼 보인다. 초점을 맞추기가 어렵고, 빛들의 번쩍거림이 비정상적으로 확대된다. 그래서 아이는 기억과 집중 둘 다, 혹은 둘 중 하나에 어려움을 겪는다. 고질적인 피로, 심한 두려움과 우울증에도 시달린다.

자기수용감각장애가 있는 아이들은 무거운 걸음걸이로 이상하게 걷고, 식사도구와 연필, 섬세한 운동기구들을 다루기 힘들어 한다. 눈을 감으면 균형감각을 잃고, 혹은 강한 감각자극을 느끼기 위해 늘 무언가에 부딪치거나 뛰어내려 부수기도 한다.

　　전문치료사와 전문적인 특수체육교사는 광범위한 운동문제를 안고 있는 아이들을 도울 수 있다, 여러분의 아이가 또래 아이들과 함께 체육수업과 운동장 활동에 참여할 수 있도록 교육과정과 장비를 바꿔줄 것이다. 그러니 자녀가 다니는 지역 학교에 특수교육 운동팀이나 특수체육교육 상담가가 있는지 물어보길 바란다.

혼신의 노력

　　자폐스펙트럼이 있는 대부분의 아이들은 한 가지 이상의 감각장애를 겪는다. 하나가 과도하고 다른 하나는 둔하거나, 아니면 어떤 결합이든 관계없이 장애의 유형과 범위는 하루하루 시간이 갈수록 달라지고 치료를 하면서 변한다. 아이들이 직면한 실질적인 감각장애를 완화하려면, 모두가 하나의 목표를 가지고 혼신의 노력을 기울여야 한다. 부모와 학교 그리고 치료사가 함께 참여하는 팀 전술이 가장 훌륭한 결과를 낳는다.

　　전문치료사가 활용하는 가장 효과적인 수단 가운데 하나는 감각식이요법이라 불리는 특수아동용 활동프로그램이다. 감각식이요법은 종종 감각지도로 불리기도 한다. 감각식이요법은 어린이의 특수한 감각적 욕구를 확인하여 일정표에 있는 활동들을 정기적으로 지정해주는데, 이 활동들은 아이가 감각 정보를 조직할 수 있도록 도와준다. 그 결과 아이는 이전보다 더 쉽게 어떤 활동에 개입하고, 참여하며, 자기를 조절하게 된다. 전문치료사는 공식, 비공식적인 관찰과 평가를 통해서 세 가지 주요 요소를 결정할 것이다.

- 하루를 통틀어 본 아이의 감각자극 수준. 자극 수준이 낮거나 지나치게 둔감하면 경보를 울리는 정보를 보낼 필요가 있다. 자극 수준이 높거나 과민한 경우에는 진정시키는 정보를 보내야 한다.
- 현재 아이의 감각기관이 자극을 받은 상태의 정도.
- 감각적 어려움의 원인, 혹은 감정이나 행동 반응을 불러일으키는 특수한 사건들에 대한 기록(어떤 물질을 다루기 위해 일어난 변화와 행동과 장소 또는 사람).

감각식이요법은 아이가 자신에게 일어나는 감각문제를 알아차리도록 자기인식을 길러주는 데 초점을 맞춘다. 감각문제를 스스로 조절할 수 없을 때 도움을 청하거나, 자기조절전략을 배워 운용하도록 하려는 것이다. 만지작거리는 장난감이나 씹는 장난감을 제공하고, 또 개인용 열람실이나 '조용한 공간'을 제공하여 계획에 따라 규칙적으로 동작을 멈추게 하는 것이 이런 활동에 포함된다.

여러 가지 신경감각의 기능이나 기능장애는 우리에게 엄청난 영향을 끼친다. 나는 말없이 아장아장 걷는 공격적인 나의 아이에게 7년 동안 헌신적으로 감각훈련을 시켰다. 이런 과정이 있었기에 아이는 자신감 있고 친절한 마음씨를 가진 유쾌한 십대로 성장했다. 이것이야말로 업적이다.

셋

'하지 않는 것'과
'할 수 없는 것'은 달라요

나는 사람들의 말을 일부러 듣지 않는 게 아니에요.

단지 말을 이해할 수 없을 뿐이에요.

누군가 내 방 밖에서 무슨 말을 하면, 그 말이 나에게는 이렇게 들려요.

"☆&∧%$#@, 브라이스, #$%∧ ☆&∧%$& ☆"

그러니까 나에게 다가와서 알기 쉽게 말해주세요.

얼룩말은 흰색에 검은 줄무늬가 있는 걸까, 아니면 검은색에 흰 줄무늬가 있는 걸까? 겉으로 봤을 때, 얼룩말은 흰색에 검은 줄무늬가 있는듯한 인상을 준다. 배 부분과 배와 연결된 다리 윗부분이 하얗기 때문이다. 하지만 실상 얼룩말의 가죽은 검은색이다. 사물은 겉으로 보이는 것과 항상 똑같지 않다. 자연이 우리에게 주는 교훈이다.

자폐의 여러 가지 복잡한 특징들도 마찬가지다. 우리는 자폐아가 하지 않는(하지 않겠다고 결정한) 행동과 할 수 없는(할 능력이 없는) 행동을 어떻게 구분하는가? 아이가 '하지 않는다'는 얘기를 들어보면, 많은 경우가 아이의 행동에 대한 불평이다. 아이가 지시에 따르지 않는다거나 특정한 집착 행동을 멈추지 않는다는 불평들 말이다.

'하지 않는 것'과 '할 수 없는 것'은 완전히 다른 성질의 태도이다. '하지 않는 것'은 '할 마음이 없는 것'과 같은 뜻으로, 미리 계획하여 일부러 꾀한 고의적인 행동을 암시한다. '할 수 없는 것'은 '할 능력이 없는 것'과 같은 의미로, 아이의 불복종이 선택의 문제가 아니라, 능력이나 지식 또는 기회의 부족에 기인한다는 사실을 인정하는 것이다.

'하지 않는 것'과 '할 수 없는 것' 사이의 차이는 명백하다. 우리가 하는 행동에는 두 가지 절대적인 요소가 있기 때문이다.

- ● 모든 행동은 의사소통이다.
- ● 모든 행동에는 이유가 있다.

오늘날 심리학에서는 우리의 행동에 다양한 동기가 있다는 점을 인정한다. 타인의 관심 끌기, 특정 감각을 추구하거나 회피하기, 어디까지 허용되는지 경계 시험하기, 독립을 위한 탐색 등 아주 다양한 동기가 있다. 만약에 언젠가 여러분 입에서 "아이가 하지 않아요."라는 말이 나오려고 하거든 일단 말을 멈추기 바란다. 그리고 아래 여섯 가지 이유에 비추어 아이의 행동을 평가해 보기 바란다. 어떤 상황에서 아이가 '하지 않는 것'이 아니라 '할 수 없는 것'인지 알아차릴 수 있을 것이다.

저항하고 회피하는 행동

지시한 일에 대해 아이는 어떻게 해야 할지 방법을 모르거나 뭔가 불편하다.
그런데 여러분은 그 사실을 이해하지 못한 채 강요한다.

누구나 불편한 일은 피하려고 한다. 이는 자연스러운 반응으로 해결을 위해서는 피하는 원인을 정확히 짚어내야 한다. 여러분의 역할은 행동의 원인을 파헤치는 데 있다. 그런데 아마 여러분은 놀라운 사실을 알게 될 것이다. 어떤 일을 시켰을 때 아이가 저항하고 회피하는 이유의 상당 부분이 능력이 없거나 방법을 모르거나 기회가 없었기 때문이라는 사실을 알게 될 테니 말이다.

여기 생각해볼 만한 원인들이 있다. 아이는 여러분의 요구나 지시를 제대로 듣지 못했다. 듣긴 들었지만 이해하지 못했다. 아이가 규칙이나 과정과 절차를 잘 몰랐다. 여러분의 요구나 지시를 따를 수 있는 섬세하고 총체적인 운동능력이 없다. 아이의 행동과 학습에 대해 주위의 기대가 너무 높다. 요구한 일의 감각부하가 심하다. 신체적으로 불편한 일이거나, 배고프고 너무 피곤한 아이에게 요구한다. 다시 말해서, 아이는 할 수가 없다.

게다가 아이는 실패와 비난을 두려워한다. 흑 아니면 백, 모 아니면 도라는 이분법적 사고방식에 갇혀 사는 아이에게는 모든 일이 성공 아니면 실패일 뿐이다. 아이는 실패할까 봐 늘 긴장하고 불안에 떨 수밖에 없다. 심지어 아이에게는 주어진 일을 언제 어떻게 할지에 대한 선택권도, 자율성도 없다. 어떻게 하면 가장 잘 해낼 수 있을지에 대해서도 아이에게는 발언권이 주어지지 않는다.

회피하는 행동은 일에 대한 이해가 부족하고, 실패를 두려워하기 때문에 나타나는 경우가 많다. 아이에게 성공을 경험할 기회를 많이 만들어주어라. 아이는 성공하기 위해 시도하고, 애쓰고, 최선을 다할 것이다.

관심을 끌려는 행동

아이는 어른이나 또래 아이들이 자기에게 관심을 가져주길 바란다.

아이가 다른 사람과 어울리고 싶어 하는 건 기쁜 일이다. 그런데 관심을 끌려는 아이의 행동이 적절치 못해서 교실과 가정의 일상을 방해하는 상황이 자주 벌어지는 건 언짢은 일이다. 이럴 때 여러분은 몹시 화가 날 수도 있다. 아이가 하지 말라는 행동을 계속하니 말이다. 하지만 마음을 가다듬고 곰곰이 생각해 보기 바란다. 아이가 관심을 끌거나 도움을 요청하는 적절한 방법을 알고 있는가?

아이는 다른 사람과 어울리는 방법을 차근차근 배워야 한다. 그런데 자신에게 필요한 것을 언제 어떻게 부탁해야 하는지 아이는 이해하지 못한다. 이것이 바로 자폐의 심술궂은 딜레마 가운데 하나이다. "저 좀 도와주세요.", "이걸 모르겠어요." 아이가 이런 부탁을 할 수 있게 하려면 구체적인 예를 들어가면서 아주 찬찬히 설명해야 한다. 칭찬과 격려도 아끼지 말아야 한다. 아이가 뭔가를 요청하려고 할 때, 단지 말이나 행동뿐 아니라 용기도 필요하기 때문이다.

여러분은 아이에게 다른 사람의 관심을 끌기 위한 적절한 방법도 가르쳐야 한다. 그런데 이에 앞서 여러분이 깊이 생각해 봐야 할 점이 있다. 과연 아이는 어른들로부터 충분한 관심을 받고 있는가? 또래 아이들 사이에서는 아이가 자존감을 느낄 수 있을 정도의 적절한 관심을 받고 있는가? 혹시 여러분이 아이가 적절한 행동을 했을 때보다 적절하지 못한 행동을 했을 때 아이에게 더 많은 관심을 쏟지는 않았는가? 여러분은 아이에게 칭찬을 더 많이 하는가, 꾸중을 더 많이 하는가?(교육자와 심리학자들은 칭찬과 꾸중의 비율이 4:1이 되어야 한다고 주장해왔다.)

혹시 여러분 자신도 모르게 아이의 적절하지 못한 행동을 강화하고 있지는 않나? 만약 아이가 얌전히 있을 때는 관심을 보이지 않다가 소동을 피우기 시작하자마자 관심을 쏟는다면, 아이로서는 원하던 관심을 얻는 데 성공한 셈이다. 그리고 여러분은 아이의 적절치 못한 행동을 강화하는 데 성공을 거둔 셈이다. 우리의 격언을 기억하기 바란다. 모든 행동은 의사소통이다. 이는 여러분에게도 해당된다.

자기조절 행동

아이는 자기도 모르게 과도한 자극을 받은 감각을 진정시키거나, 부족한 자극을 받은 감각에 경계를 발령하려고 애쓰는 중이다.

아이는 불안하거나 불쾌한 감정을 누그러뜨리려고 노력하는 중이다. 어쩌면 이것이 아이 행동의 근원적이고 유기적인 원인일지도 모른다. 우리가 감각개입을 통해 아이를 도와주고, 아이가 감각전략을 사용할 수 있도록 가르쳐주지 않는다면 이러한 행동은 아이도 어쩔 수 없다.

놀이를 즐기는 행동

아이는 특별한 행동이 자신이나 남을 즐겁게 한다고 생각한다.

자폐아들은 놀이 감각이 고지식하거나 부족하다. 그런데 혼자 즐기며 노는 데는 비상한 재주를 가지고 있을 수 있다. 심심하다며 조르는 아이를 둔 어머니들이 보기에는 참으로 부러운 능력이 아닐 수 없다. 아이가 혼자서 어떤 행동을 반복적으로 즐기고 있을 때가 있다. 이런 행동은 놀고 싶은데 놀이 방법도 모르고, 다른 아이들과 함께 놀 기회도 없다는 것을 여러분에게 이야기하고 있는 것이다. 문은 열려있는 셈이다. 놀이 계획을 세워보기 바란다.

통제하려는 행동

아이는 주변 환경을 정리하거나 재정리하려고 애쓰고 있다.

많은 자폐아는 자신을 통제할 수 있는 힘이 거의 없다. 이런 경우, 아이들에게 삶은 자기 인생을 통제하는 데 필요한 힘을 유지하기 위한 끊임없는 전투다. 아이들은 자신의 삶을 통제하려는 시도를 명확하게 드러내기도 하고(도전처럼 보이는 대립적이고 공격적인 행동), 소극적이고 방어적인 공격 행동을 취하기도 한다(사람들은 아이들의 관심을 다른 곳으로 돌리려고 한다. 그러나 아이들은 개의치 않고 말없이 또는 은밀하게 하고 싶은 행동을 계속한다.).

여러분은 살아가면서 순간순간 끊임없이 선택을 한다. 그리고 자신에게 선택권이 있고, 선택에 따라 행동할 수 있는 능력이 있다는 것을 당연하게 여긴다. 하지만 선택은 논리적으로 생각하여 결정하는 기술이 필요한 능력이다. 자폐아에게는 이런 능력이 많이 부족하다. 그런데 통제하는 행동이 드러날 때 아이가 독자적으로 생각하고 자신의 욕구와 필요를 주장할만한 능력이 있다는 증거로 보일 수 있다. 아이의 이러한 자질에 집중하기 바란다. 서서히 아이에게 결정하는 기술을 가르치고, 성공에 필요한 수많은 선택과 기회의 폭을 넓혀 나가기 위해 아이와 함께 노력해야 한다.

어떤 일을 자기 뜻대로 하겠다고 고집 부리는 아이와 힘겨루기를 벌이기란 너무도 쉬운 일이다. 그래도 아이에게 맞대응하기 전에 여러분 스스로 항상 목표를 떠올려보기 바란다. 기필코 아이를 굴복시키고 복종을 강요하는 것이 여러분의 목표인가? 아니면 사회적으로 인정받을 수 있는 행동을 조금씩 몸에 익혀 어른으로 성장했을 때 시민으로서 이 세상에 자리잡을 수 있게 해주는 것이 목표인가?

브라이스가 어렸을 때 일이다. 아이는 밖에서 사람들과 어울려 있다가도 힘들어지면 소극적이고 방어적인 공격 태도를 보여 우리에게 알려주었다. 브라이스는 일단 우리에게 말을 해주었다. 그런데 만일 브라이스가 생각하는 합당한 시간(정확히 5분 이내) 안에 집으로 돌아갈 기미가 보이지 않으면, 곧장 몸을 돌려 혼자 집으로 향했다. 여러분도 상상할 수 있겠지만, 우리가 머물던 장소에 따라서 브라이스의 행동은 굉장히 위험할 수도 있다. 잠시 동안이었지만 브라이스가 거리나 인파 속으로 사라져 보이지 않던 때를 떠올리면, 나는 지금도 소름이 돋고는 한다.

일단 브라이스가 "돌아가자."고 말하면 그 다음엔 협상의 여지가 없다. 우리는 다른 사람들과 헤어질 수밖에 없다. 다행히 우리는 일찍 그 사실을 간파했다. 아이가 뒤에서 우리를 조종하려고 한 것일까? 우리는 아이가 자기 맘대로 우리를 휘두르도록 내버려둔 것일까? 결코 그렇지 않다. 아이는 단지 우리에게 자기가 분노발작 직전 상태라는 것을 알리려고 했을 따름이다. 또 우리는 흔쾌히 아이의 뜻을 존중하고 거기에 맞춰 우리의 계획을 수정했을 뿐이다.

우리의 목표는 브라이스가 사회환경에 대처할 수 있는 능력을 갖추는 데 있었다. 그래야 우리가 가족으로 함께 생활할 수 있었기 때문이다. 이 목표를 달성하기 위해서 우리는 브라이스가 자기 능력의 한계에 도달했을 때 보내는 언어적, 비언어적 경고에 귀를 기울이고 주의하는 법을 터득해야만 했다. 실제로 그당시에 우리는 황급히 집으로 돌아온 적이 아주 많았다. 하지만 브라이스의 언어능력과 자신감, 감각 내성, 사회적 기술은 나날이 향상되었다. 우리는 아이의 방식에 따랐다. 아이는 십대가 되었고, 어디든 갈 수 있는 청년으로 자랐다. 브라이스는 혼자 마을 여기저기를 돌아다녔고, 고등학교 졸업식에서는 축사를 했으며, 혼자 해외여행을 다녔다.

보복하는 행동

아이는 부당한 대우를 받으면 앙갚음하고 싶어 한다.

'보복하는 행동'을 포함한 것은 아이의 여러 가지 행동 동기들 중에서 여러분이 무시할 가능성이 가장 크다고 생각했기 때문이다. "저 애가 저러는 건 내게 앙갚음을 하기 위해서야." 이렇게 생각한다면 이 문제를 더 이상 붙들고 있을 이유가 없다.

공정함이나 부당함을 인식할 수 있으려면 다른 사람들의 동기와 감정을 인지할 수 있는 능력이 필요하다. 그런데 자폐아들에게 가장 부족한 것이 바로 이런 능력이다. 게다가 복수를 계획하고 실천에 옮기려면 고도의 실행능력이 필요하다. 이는 대다수 아이들의 능력을 훨씬 넘어서는 수준 높은 운동계획과 연결되어 있다. 그러니 계속 지켜보기 바란다. 여러분이 찾는 대답은 여기에 없다.

우리는 '할 수 없는 것'이 어떻게 아이들의 행동을 형성하는지 이해했다. 그러므로 우리 스스로 그 말을 바꿔야 한다. '할 수 없는 것'이라는 말은 두 얼굴을 가진 괴물이기 때문이다. '할 수 없는 것'이 아이의 입에서 나왔다면 문제가 아니다. 그런데 그 말이 여러분의 입에서 나오면 상황은 완전히 달라진다. 아이와의 관계에서 여러분은 능력을 갖춘 성인이다. 그러므로 '할 수 없는 것'이라는 말을 앞세워 여러분이 책임에서 벗어날 수 있는 길은 없다. 앞에서도 언급했듯이, '할 수 없는 것'은 지식과 능력, 기회의 부족에서 비롯된 것이다. 그것은 여러분이 자신의 불안에 직면해야 하는 어려움과 도전 앞에서 꽁무니를 빼는 것과는 아무런 상관이 없다. 여러분은 아이의 타고난 천성에 대해서는 선택권을 갖지 못했다. 그러나 아이를 키우는 데 있어서는 일체의 선택권을 부여받았다. 아이는 자신이 살아온 환경에서 형성된 표정을 지어보일 것이다. 아이는 여러분에게서 어떤 영향을 받는가? 여러분은 '할 수 있는 것'을 선택한 어른인가?

앞으로 할 두 이야기는 자폐아를 키우는 데 있어서 '할 수 없는 것'과 '하지 않는 것'에 대한 어른들의 태도를 보여준다. 그 어른들이란 주로 아버지들을 의미하지만, 이러한 태도와 정서는 남녀노소를 불문하고 문화 전반에 깔려있다.

나는 자폐 후원단체 첫 모임에서 어떤 아버지를 만났다. 이 아버지는 아이의 분노발작과 무반응, 상동행동, 특이한 식사습관에 대해서 이야기했다. "제 아내는 저보다 이런 어려움에 잘 대처해요. 그래서 저는 경제적으로 가족을 부양하는 데 집중하려고 해요. 지금은 우리 아이를 위해서 평생 그렇게 해야 한다는 현실을 깨달아가는 중이에요. 그래도 즐거운 마음으로 일하고 있어요." 나는 이 아버지에게 아이 어머니가 굉장히 힘들어 할 것이라고 말했다. 어쩌면 영원히 힘들어 할지도 모른다고도 했다. 그 당시 나 자신도 그 과정의 출발점에 있었기 때문이다. 하지만 시간이 흐른 뒤, 나는 그 아버지를 이해하게 됐다. 자신의 한계를 숨김없이 고백하고, 건설적인 보상을 제공하려고 노력하고 있었다. 부모로서 자기가 세웠던 계획과 목적이 현실에서 달라질 수밖에 없다는 사실을 받아들이고 있는 중이었다. 나는 그 아버지에게 전폭적인 지지를 보냈다. 그는 현실을 부정하지 않았다. 가슴 아픈 변화의 과정에 뛰어들어 통과하는 중이었다. 그렇기 때문에 아이를 다룰 수 없는 이 아버지의 태도는 제때에 아이를 다룰 수 있고, 다루려고 하는 태도로 변할 수 있었다. 그리고 아들과 깊은 관계를 맺어 아들의 인생에 결정적인 차이를 만들어줄 수 있었다.

이 아버지를 내가 친구를 통해서 만난 다른 아버지와 비교해보기 바란다. 취학 전 예방접종을 받아야 한다는 방침 때문에 아들이 자폐아가 되었다며 정부를 성토하는 말만 되풀이하는 아버지이다. 그는 말했다. "나는 도무지 아들과 사이좋게 지낼 수가 없어요. 아이는 십중팔구 시설에 들어갈 거예요. 나도 잘 알아요. 그걸 생각하면 내 기분이 어떨 것 같아요?" 분명 두렵고, 무력하게 느껴졌을 것이다. 게다가 후회와 깨어진 꿈 때문에 가슴이 무너져 내렸을 것이다. 하지만 그는 '할 수 없는(할 능력이 없는) 것'의 경계를 넘어서 '하지 않는(하지 않겠다고 결정한) 것'으로 마음을 먹었다. 아직 발견하지 못한 가능성을 찾아서 눈을 미래로 돌리는 대신, 이미 돌이킬 수 없는 일을 붙들고 늘어지기로 결정한 것이다. 이 아버지는 패배주의자처럼 행동했다. 그 결과

무기력, 격분, 두려움에 빠지게 되었다. 그의 아들도 아버지처럼 공격적인 성향을 보이고, 분노와 좌절을 느끼고 있었다. '할 수 없는 것'은 평생 동안 잠재의식적인 메시지를 통해서 아이에게 절망의 싹을 심어줄 수 있다.

나는 할 수만 있다면 이 아버지에게 '할 수 없는 것'이라는 생각을 바꾸려고 노력하라고 말하고 싶었다. 아이는 자기가 자폐아라는 사실을 변화시킬 수 없다고. 주위에서 어른들이 한 단계씩 발전하도록 도와주지 않으면 훌륭한 사람으로 성장하는 길을 찾을 수가 없다고.

그러나 실제로는 이 아버지에게 이렇게 말했다. "나는 당신이 지금보다 더 능력 있고 더 많이 배려할 수 있다는 것을 우연히 알게 되었어요." 그리고 그에게 소아과 의사가 내게 하곤 했던 질문을 던졌다. "당신과 아들 중에 누가 어른이죠? 누가 상황을 변화시킬 힘을 가지고 있나요? 당신 아닌가요? 도움을 받고 교육을 받으면 당신은 선생님이 될 수도 있고, 당신 아이의 인생을 이끌어줄 수도 있어요. 그렇게 할 마음이 있나요?" 아직은 아니지만 그 아버지는 자기 자신을 위해 그 질문에 답을 해야 한다.

'할 수 없는 것'과 '하지 않는 것'의 역설과 비극은 가장 절실하게 성취하고 싶어 하는 것들을 우리 어른들이 망칠 때가 많다는 사실이다. 만일 아이가 자신감 있고, 낙천적이고, 호기심 많고, 일에 몰두하기를 소망한다면, 여러분이 본보기를 보여주어야 한다. 아이에게서 그런 특징을 찾아내 키워주어야 한다. 거기서 얻는 이득이 아무리 사소하더라도 말이다. 이렇게 아이가 가진 특성을 키워주는 것이 아이와 여러분의 관계에서 어떤 역할을 할지 곰곰이 생각해보기 바란다. 미묘한 차이는 있을지 모르지만, 여러분이 아이의 행동이나 말, 또는 태도에 대해 어떤 반응을 보인다면 그것은 결과적으로 승인이거나 비난이다. 여러분이 아이의 특성 가운데 무엇을 강화하는지 지켜봐라. 아이가 계속 반복하기를 바라는 특성을 강화하는 것이 분명한가? 여러분이 할 수 있다는 태도를 취하면, 아이도 할 수 있다.

"나는 이 아이를 특별대우 할 수 없다. 아이를 위해 환경이나 여건을 바꾸려고 더 노력할 수 없다. 나는 아이의 현재 상태에 대해서 어떤 일도 할 수 없다." 이런 생각에 휩쓸리면 긍정적인 변화를 기대하기란 애당초 불가능하다. 아무리 사소하더라도 성공의 흐름을 유지하기 바란다. 다시 말해 '하지 않는 것'을 파묻고, 바로 그 자리에 기초를 세워 조심스럽게 아이의 세계를 쌓아가기 바란다. 이는 아이를 특별하게 대하는 태도가 아니다. 이것이 바로, 우리가 말하기 좋아하는 '올바른 방법'이다.

여러분은 아이에게 자폐가 있기 때문에 갖지 못하고, 가질 수 없는 것을 곱씹느라 얼마나 많은 시간과 에너지를 낭비하는가? 이는 가슴앓이다. 하지만 만약 여러분이 이런 에너지를 미래를 위해 도전하고 노력하는 데 쏟았다면, 얼마나 많은 것을 성취할 수 있었겠는가? 이것은 발전이다.

넷

난 구체적으로 생각해요.
말을 글자 그대로 해석하죠

"그 일은 식은 죽 먹기야."
이 말을 들으면 난 죽이 어디 있는지,
왜 죽을 먹으라는 건지 어리둥절할 거예요.
그냥 "넌 그 일을 쉽게 해낼 거야."라고 얘기해주세요.

여러분은 자신이 모국어를 상당히 잘 구사한다고 생각할지도 모른다. 그러나 아무리 말을 잘해도 말을 글자 그대로 받아들이는 자폐아를 만나면 의사소통에 어려움을 겪게 된다. 자폐아들은 구체적이고 시각적으로 생각하며, 가끔은 화려한 연상능력을 발휘하지만 어휘력이 떨어지기 때문이다. 그래서 비유적인 표현이나 상징들은 아이를 혼란에 빠뜨릴 수밖에 없다. '낫 놓고 ㄱ자도 모른다.' 이런 말들을 들으면 자폐아들은 머리가 어지러워진다. 낱말들 자체가 갖고 있는 의미와 그것들이 모여 나타내는 비유적인 의미가 다르기 때문이다.

이처럼 말을 글자 그대로 받아들이는 아이와 의사소통을

하려면, 잠시 하던 말을 멈추고 우리가 사용하는 말의 표현방식에 대해 생각해볼 필요가 있다.

관용구와 진부한 표현들

적절치 못한 표현
넌 눈에 넣어도 아프지 않은 아이야.
난 지금 한계에 도달했어.
오늘은 이만 하자.
뭔가 수상한 냄새가 나는데.

적절하게 바꾼 표현
난 너를 무척 사랑해.
난 지금 막 화가 나려고 해.
이제 그만둘 시간이야.
나한테 이러면 안 되지.

구체적이지 못한 명령

적절치 못한 표현
그건 저기 걸어둬.
거리에서 물러나 있어.
발로 그만 차.
가자.

적절하게 바꾼 표현
네 외투를 문의 옷걸이에 걸어둬.
차로가 시작되기 전에 자전거를 멈춰.
발을 책상 밑에 넣고 있어.
우리 이제 집에 가자.

함축적인 의미

적절치 못한 표현
네 방이 난장판이네.
너 숙제 안 냈더라.
그랬다간 너무 추울 텐데.
난 그런 소음이 싫어.

적절하게 바꾼 표현
네 옷들 좀 걸어둬.
네 숙제를 내 책상에 올려놔.
오늘은 짧은 바지 대신 긴 바지 입어.
TV 소리 좀 줄여.

이제 여러분은 아이와 매일 나누는 많은 대화가 아이에게는 뜻도 명확하지 않고 비논리적이라는 것을 깨달았을 것이다. "딱 1분만 기다려."라고 말한 뒤 5분 후에 돌아왔더니 아이가 사라지고 없는 사건이 실제로 일어날 수 있다는 이야기다. 그러므로 아이와 대화를 할 때는 누구나 아이가 이해할 수 있는 말로 해야 한다.

내 아이 역시 언어 때문에 어려움을 겪는다. 그런데 나로서는 그것만큼 얄궂은 일도 없다. 나는 대학에서 '스피치 커뮤니케이션학'을 전공했다. 우리 집 창고 어느 상자 안에서는 내가 고등학교 때 받은 토론 상패들이 녹슬어 가고 있다. 그렇다. 난 누구나 인정하는 수다쟁이이다. 어휘력이 뛰어나고 말장난에 능하며 항상 교묘한 낱말놀이를 생각해내는 데 놀라운 능력을 발휘하기도 한다. 그런데 정작 내 아이는 이런 말놀이를 할 능력이 없거나 관심이 없다. 오히려 아이와 의사소통을 하려면 나의 표현방법을 바꿔야 한다는 사실을 받아들여야 했다. 나는 아이와 말을 하기 전에 먼저 생각을 했다. 신중하게 어휘와 말투, 억양을 선택해야 했다. 만일 내가 그렇게 하지 않으면 아이는 내 말에 귀 기울이지 않았을 것이다.

아이가 십대가 되기 전에 아이의 사고방식에 맞춰 의사소통을 하는 데 익숙해지도록 미리 준비하는 것이 좋다. 아이가 여러분에게 하고 싶어 하는 모든 이야기를 귀담아 듣는 일부터 시작하기 바란다. 물론 여기엔 표정과 몸짓 모두 포함된다. 아이가 이야기를 할 때는 아이를 똑바로 쳐다보고 항상 아이에게 대답을 해주어야 한다. 만약 아이가 여러분의 대답에 반응을 보이지 않으면 제대로 전달되지 않았다는 뜻이다. 그럴 때는 다른 방법을 찾아보아야 한다. 아이가 여러분이 하는 말을 듣고, 여러분이 아이의 말을 듣게 되면, 아이는 자기가 하는 말에 자신감을 갖게 된다. 그리고 이런 자신감이 든든하게 뒷받침해주면 아이는 언젠가 말을 글자 그대로 받아들이는 단계를 넘어 사려 깊고 생각이 풍부한 대화의 단계로 들어설 수 있을 것이다. 언어에 문제가 있는 아이를 둔 모든 부모와 교사가 소망하는 일이 아니던가.

아이와 원활한 의사소통을 하기 위한 과정이 물론 쉽지는 않다. 익숙해지기까지 자주 실수를 하기도 한다. 하지만 걱정할 필요는 없다. 그때마다 아이가 알려줄 것이다. 브라이스가 전화를 받을 수 있는 단계에 도달했을 때 우리 가족은 엄청 기뻐했다. 그래도 실수는 이어졌다. 손자에 대한 깊은 이해를 지닌 우리 어머니는 전화를 걸 때마다 거의 매번 실수를 하곤 했다. 어머니는 습관적으로 이렇게 물었다. "안녕, 브라이스! 지금 뭐하고 있니?" 그러면 브라이스는 매번 이렇게 대답했다. "응, 할머니. 나 지금 전화로 할머니에게 이야기하는 중이야." 우리 가족은 모두 좀 더 구체적으로 질문하는 법, 요컨대 실질적인 대화가 이루어질 수 있도록 질문하는 법을 터득하였다. 이를테면 이런 식이다. "오늘 과학 수업시간에는 뭘 했니?", "토요일에는 뭘 하고 싶니?", "지금 무슨 책을 읽고 있니?"

아이와의 의사소통과 관련해 나에게 부끄러운 경험이 있다. 브라이스가 일곱 살 때 일이다. 처음에는 대수롭지 않았던 일이 영문도 모르는 사이에 전쟁으로 확대되어버린 사건들 가운데 하나였다. 난 이 사건을 '끔직하고 따분한 손거스러미 전투'라고 부른다.

브라이스가 집게손가락에 작은 손거스러미가 난 걸 가지고 내게 왔다. 나는 별거 아니니 당장 손톱깎이로 떼어내주겠다고 말했다. "안 돼애애애애애애애애!" 브라이스는 비명을 질렀다. "그럼 아프잖아!" 아이의 공포에 가까운 반응을 이해할 수 없었던 나는 대수롭지 않게 아이에게 이야기했다. "그렇게 해도 아프지 않아. 엄마가 약속할게. 그리고 아주 금방 끝낼게. 다른 곳을 쳐다봐. 싫어? 좋아, 그럼 네가 직접 해. 손톱깎이는 안 된다고?

그럼 입으로 물어서 떼어내자. 그것도 싫어? 그럼 얼음주머니를 가지고 먼저 손을 마비시킬게. 싫어? 그럼 따뜻한 목욕물로 손을 부드럽게 만들자. 싫어?" 내 나름대로 여러 가지 방법을 제안했지만 모두 다 거절당했다. 나와 아이 모두 화가 났다. 저녁시간이 훌쩍 지나갔다. 난 이미 자제력을 잃고 소리를 지르고 있었다. "여길 봐! 네가 선택해. 엄마가 그걸 떼어내든가, 네가 떼어내. 아니면 그냥 그대로 살던가." "안 돼애애애애애애애애애!" 아이는 땀과 눈물로 범벅된 얼굴이 빨개지도록 비명을 질렀다. 잠자리에 들 시간이 되었다. 나는 손톱깎이를 몰래 감춘 채, 아이를 자리에 누이려고 몸을 구부렸을 때 아이의 손가락을 움켜잡았다. 순식간에 손거스러미는 사라졌다. 그때 아이 얼굴에 나타난 감탄에 가까운 놀란 표정을 난 결코 잊을 수가 없다.

"거 봐. 아팠니?"

"아니."

이튿날 아침, 나는 아이를 무릎에 앉히고 이야기했다. 날 믿어야 한다고. 내가 아프지 않을 거라고 말하면 정말 아프지 않을 것이고, 아플 것 같으면 언제나 정직하게 그렇다고 말할 것이라고 했다. 나는 아무리 싫어도 진실을 선호하는 아이의 자세를 소중히 여긴다.

나는 의사소통하려고 애쓰고 있어요

지금 나한테 필요한 게 뭔지, 내 감정을 어떻게 표현해야 할지
여러분에게 제 생각과 느낌을 제대로 전달하기가 어려워요.
그러니 흥분했거나, 위축되어 보이거나, 당황한 것 같은
나의 몸짓에 신경을 써주세요.

"선생님, 그림을 급히 몰아내면 안 되잖아요."

브라이스가 1학년 담임선생님을 향해 한 말이다. 그때 선생님은 반 아이들에게 빨리 그림 그리기를 마무리하라고 재촉하고 있었다. "빨리, 빨리, 서둘러야지! 이제 음악시간이야. 붓은 세면대에 놓고! 줄을 서야지. 자, 가자!" 하지만 브라이스는 그 순간 오렌지색과 초록색 그림물감이 섞여 자기가 생각하는 반 고흐의 해바라기를 그리는 데 필요한 갈색이 만들어지는 기적을 발견했다. 선생님은 브라이스가 한 말을 나에게 이야기하고 싶어서 입이 근질근질했다고 한다. 그건 물론 브라이스의 말이 맞았기 때문이다.

그때 선생님은 브라이스의 말이 모두(낱말, 억양, 속도) 영화 〈토이 스토리 2〉의 대사를 흉내 낸 줄 몰랐다. 브라이스는 놀라울 정도로 '지연 반향어delayed echolalia' 능력이 뛰어났다. 한정된 어휘력으로 말이 떠오르지 않을 때, 브라이스는 머릿속에 백과사전처럼 저장하여 숨겨놓은 영화 대본에서 아주 짧은 시간에 적절한 표현을 찾아내 말하곤 했다.

반향어는 자폐에 일반적으로 나타나는 언어특성으로, 아이가 다른 사람들이 한 말을 듣고 외워두었다가 통째로 반복해서 말하는 것을 의미한다. 반향어에는 세 가지 유형이 있다. 하나는 방금 누가 한 말을 그 자리에서 바로 흉내 내는 즉각 반향어이다. 지연 반향어는 어젯밤, 혹은 며칠 전, 또는 아주 오래전에 들었던 말을 그대로 표현하는 것이다. 집요하고 반복적인 반향어도 있는데, 이는 아이가 동일한 구절이나 질문을 쉬지 않고 반복하는 언어특성을 의미한다. 사실 나를 포함해 많은 부모에게 아이들의 반향어는 공포에 가까운 두려움을 불러일으킨다. 서로의 생각이나 감정교류가 물 흐르듯 자연스럽게 이루어지지 못한다고 느끼기 때문이다.

일곱 살 무렵에 브라이스가 하는 말의 90퍼센트는 지연 반향어였다. 아이가 너무 능숙하게 구사했기 때문에, 우리 가족 이

외에는 누구도 그 사실을 눈치챌 수 없었다. 그런데도 나는 브라이스가 반향어를 사용하지 못하게 필사적으로 말렸다. 많은 부모가 나와 같을 것이다. 의사소통에 실패했다고 생각하기 때문이다. 흔히 아이가 반향어를 말하면 여러분은 지금 상황에서 그 말이 어떤 연관이 있는지 파악하기 쉽지 않다. 하지만 아이는 다르다. 여러분보다 먼저 서너 가지의 연상을 서로 결합했을지도 모른다. 그래서 아이 말의 연관성을 파악하기가 더 까다롭긴 하겠지만, 까다로워진 만큼 아이와의 의사소통을 위해 꼭 파악해야 한다.

반향어는 언어발달의 한 측면이다. 모든 아이에게서 나타난다. 많은 부모가 그 기간이 짧기를 바란다. 비장애 아이들과의 차이를 최소화해서 하루라도 빨리 아이가 또래 아이들과 원만한 대화를 할 수 있게 하려고 마음이 급하다. 하지만 아무리 급해도 놓치지 말아야 할 것이 있다. 기본적인 어휘와 대화에 필요한 능력이 아직 충분히 발달하지 않은 아이에게도 자신의 필요와 두려움, 그리고 욕망을 전달할 수 있는 방법이 여전히 필요하다는 사실이다. 여기에서 여러분이 명심해야 할 것을 한 가지만 말하라고 한다면 난 이렇게 말하고 싶다. "어느 아이에게나 기능적인 의사소통 수단은 반드시 필요하다. 그런데 자폐아에게는 훨씬 더 많이 필요하다." 만약 아이가 자신의 필요를 충족하지 못하고 두려움을 진정시키지 못하면, 아이와 여러분의 세상은 끔찍한 곳이 될 것이다. 어떤 형태를 취하든 의사소통이 이루어지지 못하면, 여러분은 아이가 행동을 통해서 드러내는 좌절과 두려움을 지켜보는 수밖에 없다. 왜냐하면 아이는 자기가 원하는 대로 되지 않는다는 것을 무슨 수를 써서라도 여러분에게 알리려고 애쓸 것이기 때문이다. 하지만 아이가 어떻게든 자기 의사를 표현하고, 여러분이 의사소통 방법에 개의치 않고 귀 기울여준다면, 아이는 기분이 좋아질 것이다. 그렇게 되면 아이는 의사소통의 모든 면에 대한 이해를 적극적으로 쌓아가기 시작한다. 거기에는 단순한 어휘력을 넘어서는 면들도 포함된다.

　유년 시절 초기에 사용하는 전형적인 낱말들과 짧은 문장들은 얼핏 보기에 단순한 것 같다. 여러분은 아이가 "주스 마시고 싶어.", "나 놀아도 돼?", "엄마 사랑해."라고 말하기보다 "엄마", "멍멍이" 같은 말을 하는 게 더 단순하다고 여긴다. 하지만 이 간단한 말들에 얼마나 많은 의미가 담겨있는가. 말하기(목소리를 내는 신체능력)는 언어소통(낱말을 조합하여 타인에게 의미를 전달하기)을 시작하는 첫 구성요소일 뿐이다. 언어소통만으로는 의사소통(말이나 다른 의사소통 수단을 이용하여 타인과 사회적 접촉하기)을 할 수가 없다. 어린아이들은 대부분 말이 아닌, 다른 방식으로 자기 욕구와 기분을 알린다. 그러다 낱말들을 말하고, 그 다음에는 낱말들을 서로 연결하여 문구와 문장을 표현하는 것으로 나아간다. 커갈수록 아이들에게 언어는 자신의 생각과 감정을 표현하고 다른 사람들과 사회적으로 상호작용하는 수단이 된다. 언어의 사회적 이용은 우리가 타인과 의사소통하기 위해 종종 무의식적이거나 본능적으로 이용하는 말, 몸짓, 표정, 그리고 사회적 이해가 서로 결합하고 상승작용하며 이루어진다. 하지만 자폐아들은 언어의 사회적 이용 능력이 발달해가는 어느 시점에서 이런 도구들이 어떻게 우리를 서로 연결시키거나 단절시키는지 이해하지 못한다.

나는 브라이스가 유년 시절에 언어를 습득하기 위해 얼마나 애를 썼는지 결코 잊을 수가 없다. 하지만 난 아이에게서 반향어를 지워버리고 싶어 애가 탔었다. 그런데 다행히도 당시 대학에 다니던 한 자폐 청년이 쓴 기사를 우연찮게 읽게 되었다. 청년은 원만하게 의사소통을 하고 있었는데, 자신이 여전히 반향어를 사용하고 있으며 그 사실을 아무도 눈치채지 못한다고 솔직하게 털어놓았다. 그 글을 읽고 나는 반향어 때문에 스트레스를 받을 필요가 없다는 사실을 깨달았다. 게다가 우리 지역 자폐전문가가 나에게 기억에 남을만한 충고를 해주었다. "당신이 반향어를 지워버리고 싶어 한다는 걸 알아요. 하지만 그러지 마세요. 그냥 받아들이세요. 반향어가 영원히 지속되지는 않을 거예요. 제가 당신에게 약속할게요. 대신 아이에게 반향어를 극복할 시간을 주세요." 그 덕분에 나는 한 걸음 뒤로 물러나 아이가 자기 나름의 방식과 속도로 반향어를 극복해가도록 해줄 수 있었다.

나는 당시에 브라이스의 상태를 표현해주는 말이 무엇인지도 잘 몰랐다. 브라이스는 '형태학습자Gestalt learners'였다. 형태학습자는 경험을 한 덩어리로 받아들인다. 경험을 구성하는 개별적인 요소들을 볼 능력이 없다. 언어를 이러한 방식으로 배우는 경향이 있는 많은 자폐아는 언어를 개별 낱말보다는 덩어리째 흡수하려고 한다. 형태학습자들과는 반대로, 낱말을 하나씩 배우는 아이들은 '분석학습자'라고 부른다. 형태학습자들보다는 분석학습자들이 아이들 사이에서는 더 전형적으로 나타나는 것처럼 보일 수도 있다. 분석과 형태학습 둘 다 합리적인 학습방식이다.

만일 여러분이 시간을 내어 아이가 반향어를 어떻게 사용하는지 파악해두면 근심을 덜 수 있을지도 모른다. 혹시 아이가 다음과 같은 이유로 반향어를 사용하는지 살펴보기 바란다.

- 말을 주고받을 것이 예상되는 상황에 대응하기 위해서
- 부탁하거나 요청하기 위해서
- 정보나 의견을 제공하기 위해서
- 다른 사람의 행동에 항의하거나 요구를 거절하기 위해서
- 지시나 명령을 하기 위해서
- 물건이나 행동, 장소에 이름이나 꼬리표를 붙이기 위해서

이런 경우 아이는 반향어를 자신이 이해할 수 있는 의사소통의 수단으로 사용하는 것이다. 아이의 반향어는 아마도 많은 점에서 대단히 기능적이고 쌍방향적일 것이다. 아이의 말을 귀담아 듣고 기록해두기 바란다.

브라이스가 4학년이 되어 표준화된 언어능력 평가시험을 보았는데, 어휘력이 평균에 비해 심각할 정도로 떨어진다는 결과가 나왔다. 나는 너무나 놀랐다. 브라이스는 네 살 때 세 낱말로 된 문구를 말하는 것을 시작으로, 여섯 살 때는 90퍼센트 이상 반향어를 사용했다. 하지만 열 살이 되었을 때는 여러 사람

앞에서 편안하게 말을 할 수 있었다. 당황한 나는 시험지를 보여 달라고 부탁했었다. 나는 이 사건으로 분노하기는 했지만 깨달은 것도 있었다. 사실 나는 아이와 대화를 나누면서 아이 말의 문법과 구문을 바로잡으려 애쓰지 않았다. 브라이스가 모호한 말들을 사용해도 내 머릿속에서 자동적으로 폭넓게 이해하면서 아이와 생각을 계속 주고받을 수 있었기 때문이다.

이 과정에서 나는 아이의 기능적인 의사소통 수단을 확인할 수 있었고, 아이의 생각도 읽을 수 있었다. 하지만 시험 결과도 무시할 수 없었다. 그래서 그 뒤로 나는 입말과 글말에 대한 아이의 이해능력을 확인하는 일뿐만 아니라, 아이에게 언어를 '먹여주는 일'을 매일 조금씩 늘려나갔다. 예를 들어, 책을 읽다가 우리는 다음과 같은 구절을 만났다. '그는 그녀가 움켜쥐고 있는 핸드백을 비틀어 빼앗았다.' 브라이스의 얼굴이 창백해졌다. 그래서 우리는 책읽기를 멈췄다. 나는 '비틀어 빼앗다'와 '움켜쥐다'와 '핸드백'이라는 부분을 다시 읽었다. 그 순간 브라이스가 화를 내며 말했다. "그가 그 여자의 지갑을 훔친 거잖아. 그런데 왜 그렇게 말하지 않아? 그가 그 여자의 지갑을 훔쳤다고."

이 작은 사건으로 우리는 긴 대화를 나누었다. 어떻게 낱말들이 색처럼 많은 '명암'을 지니게 되는지, 어떻게 낱말들이 이야기를 다채롭게 표현할 수 있는지에 대해서 토론했다. 우리는 '커다란'을 의미하는 다양한 낱말들을 생각해내어 길고 재미있는 목록을 만들면서 즐거운 시간을 보냈다. 큰, 거대한, 광대한, 막대한, 엄청난, 터무니없이 큰, 어마어마한 등등. 아이와 나 우리 모두에게 뭔가 번쩍하고 깨달음을 준 순간이었다. 그때까지 아이는 낱말을 그런 식으로 생각하지 않았고, 나도 그런 식으로 낱말을 제시하는 방법에 대해 생각하지 못했다.

    브라이스의 언어치료사가 해준 충고는 아이에게 풍부한 언어환경을 제공하라는 것이었다. 나는 이 충고를 따르기 위해 많이 노력했다. 다른 사람이 말하는 것을 자주 접하지 못하는 아이는 언어발달이 느리게 이루어진다. 특히 아이가 특수학교에 다닌다면 비장애아들의 말을 접할 기회는 아주 적다. 이제 막 말을 하기 시작한 아이들을 돕는 시각 자료를 이용해 낱말과 언어환경을 제공하자. 여러분의 생각을 구체적으로 말해주고, 하고 있는 일과 그것을 하는 이유를 설명해주자. 아이에게 말을 할 때는 아이를 바라보고, 아이가 당신에게 말을 하거나 의사소통을 하려고 할 때는 언제나 대답을 해주자. 그러면 아이는 자기가 하는 말은 무엇이든 여러분이 중요하게 생각하고 있다는 점을 알게 된다. 아이에게 책을 읽어주고, 이야기를 들려주고, 노래를 불러주자. 노래 부르기도 말이다. 아이가 노래 부르기를 쉽게 배운다면, 언어기술을 향상시키는 데에 그 능력을 이용하자. 노래에 나오는 새로운 낱말을 아이가 이해하지 못하면, 그 낱말을 갖고 대화를 나누자. 의미 없는 말과 실제 뜻이 통하는 말을 구별해주자.

말로 대답하거나 대화에 참여할 수 있는 정도까지 아이를 이끌려면 아이에게 스트레스가 클 수 있다. 그러니 쉽게 대화를 나눌 수 있는 정도로 한계를 정해 아이가 불안을 덜 수 있도록 돕자. 다음처럼 2분/2분 규칙을 활용해보자. 학교에서 있었던 일이나 아이가 좋아하는 장난감, 책, 강아지 또는 흥미를 느끼는 다른 주제에 대해 듣고 싶다고 제안한다. 좋다고 하면 아이가 2분 동안 생각을 모으고 이야기하는 것을 지켜보고 들어본 다음, 이번에는 여러분이 2분 동안 아이 이야기에 대해 응답을 한다. 가족이 함께 대화를 나눈다면, 상대방 이야기를 듣기 위해 잠시 말을 멈추는 예의를 배우는 것이 필요하다. 또 자폐아는 끊임없이 이어지는 대화를 따라가지 못한다. 대화 속도를 전반적으로 늦추어 아이가 참여할 수 있도록 시간 여유를 두자.

"말해봐."라는 말로 아이에게 강요하지도 말자. 말하는 법은 습득했어도 아이가 실제로 말을 하기 위해서는 추가 과정과 기술이 필요하다. 어느 날은 아이가 자기 생각이나 느낌을 쉽게 말하다가도 다음날에는 감각문제가 생겨 하지 못하게 되는 경우도 있다. 아니면 아이가 이미 지쳐 말을 하고 싶지 않을 수도 있다. 억지로 한꺼번에 여러 일을 하도록 몰리는 기분을 여러분은 아는가? 아이의 목록에는 과잉 감각과 둔감한 감각 모두를 조절하고, 주위를 떠다니는 시청각 정보와 자극을 중간에 차단하고, 해석하고, 적절한 사회적 사고 위에서 행동하고, 나아가 말을 하는 것들이 포함되어 있다. '말해봐.'라는 표현은 소중한 목표다. 말이란 언제 어디서든 휴대가 가능한 최고의 독립된 의사소통 수단이기 때문이다. 그러나 그 목표를 달성하지 못하더라도 실망하기는 이르다. 아이들은 목표를 달성해가는 과정에서 어떤 형태로든 계속해서 의사소통을 시도하고 있기 때문이다.

그런데 가슴 아프게도 언제부턴가 우리가 살아가는 공동체 안에서 사람들은 점차 더 이상 대화를 나누지 않는다. 은행에 가면 현금인출기에서 돈을 뽑는다. 은행원과 이야기를 나눌 이유가 없다. 마트에서는 셀프 계산대에서 물건 값을 정산한다. 계산원과 말할 필요가 없다. 도서관 역시 자가 대출이 가능하다. 사서 얼굴을 볼 일이 없다. 자동화된 우편취급소에서도 마찬가지다. 사람들과 상호작용할 수 있는 기회가 최소한 반은 그냥 사라졌다. 아이들이 말하는 능력을 습득했어도 대화 몇 마디 나누기조차 어려울 지경이다.

자동화, 전자통신, 소셜미디어가 우리 문화의 중심을 차지해버렸다. 하지만 우리는 아이들에게 컴퓨터와 스마트폰 화면에서 떨어져 다른 사람들과 대화하는 방법을 가르쳐야 한다. 스크린 안으로 몰아넣을 수 없는 관계들이 존재하기 때문이다. 의사, 버스 운전사, 미용사, 항공기 승무원, 경찰, 소방관, 성직자, 안전요원, 피아노 교사, 코치, 변호사, 판사 등이 그들이다. 아이들이 적어도 이 사람들과는 대화를 나눌 수 있도록 말이다.

우리가 아이들에게 모든 상황에서 자신의 욕구와 느낌, 생각들을 전달하는 다양한 수단을 제공하면서 의사소통 기술을 확장하도록 돕는다면 그렇게 될 것이다. 그러면 진정한 의사소통이 우리 모두를 연결하는 곳으로 향하는 길이 열릴 것이다.

여섯

이미지! 난 시각에 의존해요

나에게 어떤 일을 가르쳐주려면 그냥 말로 설명하기보다

일하는 모습을 직접 보여주는 것이 좋아요.

여러 번 반복해서 보여주면 더욱 좋지요.

배우기가 훨씬 쉽거든요.

일상생활에서는 눈으로 확인할 수 있는 일정표가 있으면

생활해 나가는 데 큰 도움이 돼요.

혹시 영화 〈마이 페어 레이디〉의 주인공인 일라이자 두리틀을 아는가? 이 소녀는 내가 좋아하는 용감한 소녀다. 걸음걸이와 호흡을 새로 배우고 말투까지 바꿔야 했지만 사람들이 자신을 함부로 무시하도록 내버려두지 않았다. 그것은 노래 〈내게 보여줘요Show me!〉에서 잘 드러난다. 이 노래에서 소녀는 "말, 말, 말! 난 말에 넌더리가 나요."라는 말로 자기에 대한 언어실험을 그만하라고 경고한다. 이어서 "내 시간을 낭비하지 마세요. 내게 보여줘요!"라며 절규한다. 이 노래를 들으면 적지 않은 자폐아들이 반가워할지 모르겠다.

시각 자료는 낯선 것이 아니다. 여러분이 일일계획표를 들고 다니거나 책상이나 벽에 달력을 붙여놓았다면 이미 시각 자료를 사용하고 있는 것이다. 수화는 표정, 몸짓과 함께 고도로 발달된 시각적 의사소통의 한 형태이다. 먼 거리에서 시각적으로 의사소통을 하기 위해서는 말과 문자보다는 깃발 신호를 사용했다. 야구경기를 보다 보면 3루 코치가 손으로 팔을 슬쩍 스치듯 건드리고, 허리띠를 움켜쥐고, 가슴을 툭툭 치는 광경을 볼 수 있다. 이는 코치가 주자에게 하는 몸짓언어이다. 이러한 방식은 모두 기능적 의사소통을 하기 위해서 입말이 아닌, 다른 수단을 이용한다는 공통점이 있다.

어쩌면 자폐아에게는 시각 자료가 절실히 필요할지도 모른다. 많은 자폐인이 글자가 아닌, 이미지로 생각을 하기 때문이다. 이들의 일차적인 '언어'는 입말이 아니라 그림이다. 어떤 아이가 표현할 수 있는 언어가 몇 마디 안 되는 입말일 수 있다. 그렇다고 해서 이 아이가 생각도, 취향도, 의견도, 영감도, 믿음도 없다고 보는가? 그렇게 생각하는 사람이 있다면 정말로 오만하거나 순진하기 짝이 없는 사람일 것이다. 숲에서 나무가 쓰러졌는데 근처에서 들은 사람이 없다고 정말 아무 소리도 나지 않았겠는가? 어림없다. 여러분의 아이는 아마도 인생의 경험을 머릿속에서 '그림'으로 옮기고 있을지도 모른다. 이 또한 언어이며, 여러분이 말하기 위해 사용하는 언어 못지않게 합리적인 언어이다. 의미 있는 방법으로 아이의 마음을 움직이고 가르쳐서 의미 있는 결과를 이끌어내고 싶은가? 그렇다면 이는 여러분이 반드시 받아들여야 할 언어이다.

템플 그랜딘은 1996년에 출판한 《그림으로 생각하기》라는 책을 통해서 자폐인인 자신의 시각 지향적 특징을 세상에 널리 알렸다. 이 책은 다음과 같은 말로 시작된다. "나는 그림으로 생각한다. 언어는 나한테 외국어와 같다. 말을 듣거나 글을 읽으면 나는 사운드까지 완벽하게 갖춰진 총천연색 영화로 번역해 머릿속에서 비디오테이프를 돌리듯 돌린다. 누군가 나한테 이야기를 하면 그 말도 곧바로 그림으로 번역된다. 언어에 기반을 두고 사고하는 사람들은 이런 현상을 이해하기가 어렵다는 말을 자주 한다."

의사소통은 대화를 나누는 사람들끼리 표현하고자 하는 내용이 전달된다고 느낄 때 가능하다. 이는 건강한 사회생활을 하는 데 기초가 된다. 그런데 만약 효과적인 의사소통 수단이 없다면 어떻게 될까? 시각 지향적인 아이(네모난 말뚝)가 언어 지향적인 세상(둥근 구멍)으로 억지로 떠밀려 들어가게 된다면 말이다. 아마 아이는 수적으로 열세라 압도당한 채 소통하지 못해 어려움을 느끼게 될 것이다.

아이가 학교생활이나 가정의 일상사를 순조롭게 해결할 수 있도록 도와주고 싶다면, 시각일정표를 만들거나 다른 시각전략을 세워보기 바란다. 왜 그런가?

- 아이에게 필수적인 생활체계와 예측가능성을 제공하기 때문이다. 앞으로 어떤 일이 일어날지 알면, 아이는 언제 무슨 일이 닥칠지 고민하며 걱정하지 않고 자유롭게 자신이 해야 할 과제나 활동에 집중할 수가 있다.
- 아이에게 기준을 제공하기 때문이다. 여러 일이 순차적으로 진행되어 아이는 정해진 일과 속에서 안도감을 느낄 수 있다.
- 아이가 좋아하지 않는 과제를 놓고 타협을 벌일 때 설득에 도움이 되기 때문이다. 예컨대 "먼저 수학문제 여덟 개를 풀면 그 다음에 5분 동안 컴퓨터를 할 수 있어."라고 말해주면 아이는 과제를 피하거나 뒤로 미루기보다 해내려는 마음이 생길 수 있다.
- 자율적으로 과제를 수행하고 아이 스스로 해야 할 행동을 선택할 수 있는 능력을 키워주기 때문이다.
- 자폐인에게 자주 나타나는 유연하지 못하고 경직된 사고방식

을 완화해주기 때문이다. 아이에게 자립적으로 행동할 수 있다는 믿음이 점점 커지면 다양한 방식으로 일정표에 변화를 줄 수 있다. 심지어 일정표에 물음표를 하여 깜짝 활동이 있을 것임을 넌지시 비춰줄 수도 있다.

● 사회성을 길러주는 계획을 구체화할 수 있기 때문이다. 일정표에 '5분간의 학급 전체 놀이나 독서' 또는 '세 사람에게 인사하거나 손 흔들기' 같은 계획을 포함시킬 수도 있다.

이 모든 것은 아이가 주위 사람들의 기대를 이해하고 이에 부응하려는 힘을 길러주고 강화한다.

달력도 그렇듯이, 시각일정표도 다 똑같은 형태로 만들어지지 않는다. 달력과 시각일정표의 공통된 속성은 연속적이고 순차적이라는 데 있다. 그밖에 크기, 표현방식, 휴대성, 그리고 길이 등은 다양하게 변화를 줄 수 있다.

브라이스는 유치원에 들어가면서부터 시각일정표를 사용했다. 그때는 간단한 선 그림으로 다양한 활동을 그려서 이어 붙이는 방식으로 하루일과표를 만들었다. 하지만 브라이스에게 별로 효과적이지 않았다. 아이는 간단한 선 그림보다 구체적인 이미지와 사진을 좋아했다. 내가 사진을 가지고 이야기를 들려주거나 요구할 때 아이는 훨씬 더 집중했다.

성공적인 시각전략을 수립할 때 가장 먼저 확인해야 할 일은 어떤 수단이 아이에게 시각적으로 의미가 있는지를 파악하는 것이다. 브라이스의 경우는 사진이었다. 다른 아이들에게는 간단한 선 그림이나 연필화 또는 다양한 색채의 그림이 더 효과적인 수단이 될 수도 있다. 아이들은 점차 그림에 글자를 섞어서 사용하다가 언젠가는 글자만 사용할 수도 있다. 그러면 이제 '과제목록'이 된다. 아이의 변화에 관심을 두는 것은 시각지원을 효과적으로 하기 위한 핵심요소이다. 그래야만 아이들이 시각지원을 계속 유용하게 활용할 수 있기 때문이다. 또한 어떻게 하면 아이가 정보를 가장 잘 습득할 수 있는지 생각해보기 바란다. 꼭 왼쪽에서 오른쪽으로 정보를 늘어놓아야 가장 효과가 좋을 것이라고 가정하지 말기 바란다. 위에서 아래쪽으로 늘어놓을 때 가장 효과가 좋을 수도 있다. 정보의 분량 역시 지나치게 많이 담는 것은 좋지 않다. 두세 가지부터 시작하여 차츰 늘려나가는 것이 좋다.

시각전략은 아이의 자립성이 커졌다고 쓸모가 없어지지는 않는다. 평생 필요한 도구다. 브라이스가 갓 중학교에 입학했을 때의 일이다. 브라이스는 사람들은 물론이고 온통 새로운 환경에 적응해야 했다. 그때 우리 지역에서는 수년간 야외학교 프로그램이 인기를 끌고 있었다. 야외학교에서는 전학년 모두가 일주일 동안 캠프장에서 생활하며 지역생태계에 대해서 공부를 했다. 훌륭하긴 하지만 나와 브라이스에게는 고민이 많았다. 브라이스는 가족 없이 집을 떠나 5일 밤을 보낸 적이 한 번도 없었다. 브라이스를 안 지 채 6주도 되지 않은 교사 두 사람이 아이를 보살핀다고 했다. 그리고 캠프장의 다른 교직원들은 아이를 전혀 몰랐다. 브라이스는 익숙하지 않은 생활과 예측할 수 없는 날씨와 잠을 혼자 힘으로 해결해야 했다. 게다가 한 번도 만나본 적 없는 아이들과 함께 '캠프 음식'을 먹어야 했다. 아무래도 음식이 가장 큰 문제였을 것이다.

　　학교와 캠프장 직원들은 필요한 편의를 제공하겠다며 날 안심시켰다. 브라이스는 자신이 캠프장에 가고 싶어 하는지조차도 확신하지 못했다. 브라이스의 마음은 시시각각으로 변했다. 우리는 미리 캠프장에 찾아가 보았다. 브라이스는 내내 침묵을 지켰다. 아이는 캠프장에 도착해 식당을 살펴보더니, 힘들겠다고 생각하는 눈치였다. 그런데 바로 그때 출입문 옆 벽에 걸려 있는 하루일정표가 브라이스의 눈길을 잡아끌었다!

캠프 하루일정표

시간	일정
6시 45분	기상
7시 15분	깃발 게양
7시 30분	아침식사
10시 30분	야생공부
11시 15분	점심식사
12시	묵상시간
5시	저녁식사
5시 45분	노래
6시 30분	캠프파이어와 학급회의

일정표에는 아이들이 해야 할 하루 생활계획이 적당한 시간 간격으로 자세히 적혀 있었다. "이것 좀 베껴달라고 해도 돼요?" 브라이스가 물었다. 직원은 일정표를 손바닥 크기로 작게 만들어주었을 뿐 아니라, 한쪽 구석에 구멍을 뚫고 가는 끈을 달아 아이의 목에 걸어주기까지 했다. 그곳을 떠나기 전에 브라이스는 식단표를 구해달라고 했다. 나는 주방장에게 부탁해 식단표도 얻었다. 그래서 아이는 캠프 음식을 먹어야 할 때와 내가 만들어 넣어준 음식을 먹어도 되는 때를 정확히 알게 되었다.

나중에 브라이스의 교사는 내게, 아이가 일정표와 식단표를 자주 들여다보며, 하루만에 캠프생활에 쉽게 적응했다고 이야기 해주었다. 일정표와 식단표가 브라이스에게 구체적인 일과를 미리 알 수 있게 해주었던 것이다. 그 덕분에 낯설고 두려움을 느낄 수도 있었을 캠프생활은 브라이스가 감당할 수 있는 즐거운 생활이 되었다. 마지막 캠프파이어에서 브라이스는 처음 도착했을 때는 자신이 없었지만 이곳에서 일주일을 보내면서 "새로운 친구를 사귀었다."는 이야기를 해 담당교사가 감동의 울음을 흘리게 하였다. 아이는 일주일 내내 한 양말만 신었다. 가방 속에 들어있는 다섯 켤레는 쳐다보지도 않았다. 그야말로 전형적인 야외학교를 경험한 것이다. 브라이스는 야외학교에 대해 물어보는 사람들에게 전학년을 통틀어 최고의 시간이었다고 대답하며 그 해의 나머지 시간을 보냈다.

자폐아들은 그림을 보여주며 이야기할 때 실제로 더 잘 알아듣는다. 말들과 그림 사이에서 번역이 이루어지고 있는 것이다. 여러분은 의사소통의 속도를 늦추어 아이가 번역을 마무리할 수 있게 해줘야 한다. 또한 아이가 반응할 수 있게 좀 더 시간을 주어야 한다. 아이에게 확실하게 전달되지 않았다고 해서 똑같은 말을 계속 되풀이하면 안 된다. "제발 설명하지 마세요!"일라이자 두리틀은 항의한다. "내게 보여줘요!"

의미를 전달하지 못하는 의사소통은 아무런 효과를 발휘하지 못한다. 많은 자폐아가 언어를 매개로 한 의사소통은 이해하지 못하지만, 시각을 이용한 의사소통은 이해한다. 이 말은 이렇게 받아들이면 된다. 시각 이미지는 아이의 세계를 조직하고, 설명하고, 스트레스를 다스리는 강력한 수단이다. 더 나아가 아이에게 세상을 안내하고 한계를 알려줄 때, 아이가 이해할 수 있게 해주는 강력한 수단이다.

세상을 아이의 눈으로 보기 바란다. 그리고 아이가 이해할 수 있는 방법으로 가르치기 바란다. 그러면 삶이 전쟁이 되는 일은 점차 줄어들고, 아이는 전사가 될 필요도 없어진다. 아이는 그저 세상에 와서 보고 온전히 살아내면 된다.

일곱

할 수 없는 것보다 할 수 있는 것에 관심을 가져주세요

나를 능력이 부족하다거나 고쳐야 할 점이 많은 아이라고
생각하게 만드는 분위기가 있어요.
이런 분위기에서 내가 무엇을 열심히 할 수 있겠어요.
내가 할 수 없는 것보다 할 수 있는 것을 눈여겨보고 격려해주세요.
그러면 나도 잘할 수 있는 게 아주 많답니다.

나는 이 말이 아이들뿐만 아니라 모든 사람을 대할 때 가져
야 할 태도라고 말하고 싶다. 그런데 불행하게도 많은 가족과 교
육자가 자기도 모르는 사이에 충족될 수 없는 '기대의 늪'에 빠
지고 만다. 어른들이 자신의 개인적인 소망에 빠져 아이에게 과
도한 것을 기대하게 될 경우, 아이의 잠재능력은 질식해버리고
만다. 특수체육교사는 언제나 그런 장면을 목격한다. "후회를 자
초할 길로 빠져드는 부모들이 있어요. 자녀에게 걸맞지 않는 기
대를 부모들이 갖기 때문이에요. 아이에게는 부모의 이런 기대
가 오히려 큰 걸림돌이 될 수 있어요. 실제로 부모의 기대가 너
무 높으면, 오히려 자녀는 기대와 반대로 완전히 흥미를 잃을 수

있어요. 나는 이런 아이들을 매주 봐요." 이 교사의 말에 따르면, 이 아이들도 발달상으로는 비장애아들과 거의 같은 능력을 가지고 있을 수 있다고 한다. 그런데 믿음이 든든하게 받쳐주지 않으면 모든 것이 다 아무 의미가 없어진다.

'장애'와 '서로 다른 능력' 사이에는 분명한 차이가 있다. 우리는 모두 서로 다른 능력을 가지고 있다. 조지 칼린George Carlin(풍자 코미디언)은 말했다. "배리 본즈(프로야구 선수)는 첼로를 켤 수 없고, 요요 마(첼로 연주가)는 커브볼을 칠 수 없다."고. 내 남편은 책을 쓸 수 없고, 나는 공기배출 시스템을 다룰 능력이 없다. 이처럼 우리가 서로 다른 능력을 지녔다는 사실은 각자가 이 세상에서 건설적인 위치를 차지하고 있다는 것을 뜻한다. 그리고 이런 사실을 알고 있기 때문에 우리는 행복을 느낀다.

내 전자우편함에는 슬픈 이야기들로 가득하다. "우리 집안은 4대에 걸쳐서 바이올린을 연주했어요. 그런데 우리 아이는 바이올린을 쳐다보려고도 하지 않아요. 내 힘으로는 아무것도 할 수가 없어요." 실제로 이 아이는 음악에는 재능이 없지만 골프에는 천부적인 재능을 타고난 아이였다. 하지만 그 사실을 깨닫기 위해서는 다른 누군가의 도움이 필요했다. 스키를 무척 좋아하는 다른 가족의 이야기도 있다. 이 가족은 아이가 전정기관에 문제가 있어서 스키와 스노보드라면 질색을 한다는 사실을 서글픈 마음으로 받아들였다. 그런데 어느 여름날 바닷가에서 엄마는 아들이 모래를 쌓아올리며 이리저리 살펴보고 모양을 바꾸면서 오랜 시간 보내는 걸 알았다. 물론 엄마는 아이가 무엇을 살피는지는 정확히 알 수 없었다. 그해 겨울에 엄마는 아이에게 플라스틱으로 된 눈 모양의 블록 틀을 한 벌 사주었다. 그러자 아이는 밖으로 나가 얼음집과 요새와 성곽을 지었다. 엄마는 아이가 할 수 있는 것이 무엇인지를 발견했던 것이다. 그 덕분에 가족은 아이와 함께 산에서 휴가를 보낼 수 있었다. 가족이 한 사람씩 교대로 아이와 함께 눈 요새를 쌓는 동안 다른 사람들은 스키를 타면서 말이다. 그런데 점차 아이도 서서히 눈에 적응하여 완만한 경사에서 썰매타기를 시도할 수 있을 정도가 되었다. 언젠가는 아이가 스키 타는 모습을 보게 될지도 모른다.

여러분은 아이를 보면서 '할 수 없는 것'보다 '할 수 있는 것'에 얼마나 관심을 보이는가? 나는 이 책의 앞부분에서 아이의 행동 중에서 문제라고 생각하는 행동을 긍정적인 관점에서 다시 바라보자는 이야기를 한 적이 있다. 여러분은 아이가 다른 사람과 어울리지 못하는 성격이라고 말하는가? 아니면 혼자서도 잘 지내는 아이라고 말하는가? 아이가 대책 없이 행동에 나선다고 말하는가? 아니면 모험을 좋아하고 새로운 실험을 즐긴다고 말하는가? 아이가 지나치게 깔끔하다고 말하는가? 아니면 정리정돈을 정말 잘한다고 말하는가? 아이가 쉬지 않고 질문하는 소리가 여러분에게는 귀찮은 소리로 들리는가? 아니면 여러분은 아이의 그런 모습에서 호기심과 집요함과 끈기를 보는가? 이 책의 뒷부분에서 아이와 아이의 능력에 대한 여러분의 관점에 대해 더 이야기할 것이다. 이는 아이가 자라 어른으로 자립하는 데 직접적인 영향을 끼칠 수 있다.

여러분은 할 수 있는가? 아이의 장점을 기반으로 여러분의 관점을 바꿀 수 있겠는가? 여러분은 할 것인가?

브라이스가 두 돌이 되었을 때 우리는 일주일에 두 번 아이를 유치원에 보냈다. 그런데 9월이 채 가기도 전에 교사는 "브라이스가 혼자 구석에서만 놀고, 언어능력도 또래에 비해 떨어지고, '책상'에 앉아서 하는 활동에 참여하지 않고, 다른 아이들을 때리거나 밀기도 한다."고 말했다. 난 교사의 말을 믿기가 어려웠다. 그것은 브라이스답지 않은 행동이었기 때문이다. 이듬해 봄 학부모회의 때까지 바뀐 것은 아무것도 없었다. 서면 보고서에는 브라이스에 대해 이렇게 쓰여 있었다. '대개 혼자서 논다. 말없이 다른 아이들을 지켜보기만 한다. 지시를 따르는 데 어려움을 겪는다. 말을 하기는 하는데, 무슨 말을 하는지 이해하기가 어렵다. 다른 아이들을 모방한다. 주의력이 지속되는 시간이 짧다. 둥그렇게 모여 앉아 이야기를 나눌 때 함께 어울리지 않는다.'

　11월 학부모회의 때에도 교사의 이런 표현은 계속되었다. 나는 공손하게 교사의 말을 중단시키고, 브라이스가 할 수 있고, 또 하고 있는 일에 더 관심을 가져줄 수는 없는지 물었다. 그러자 교사는 "브라이스가 오랫동안 즐겁게 노는 것을 좋아하며, 몸놀이를 좋아하고, 없어진 모래판 장난감을 찾아냈고, 모방에 어느 정도 재능이 있다."는 말을 했다. 교사의 모든 말을 종합해보니, 브라이스가 언어 때문에 유치원 생활에 잘 적응하지 못하는 게 아닌가 하는 생각이 들었다. 곧바로 우리는 개인 언어치료를 시작했다. 얼마 지나지 않아 브라이스는 낱말 세 개를 조합한 구문으로 알아들을 수 있는 표현을 할 수 있게 되었다.

　아이가 할 수 있는 것에 집중해달라는 요구도 하고 전문적인 도움까지 받았는데도 여전히 유치원에서는 큰 변화가 없었다. 나는 더 이상 질질 끌어서는 안 되겠다고 느껴 교사들과 유치원 원장에게 면담을 요청했다. 변함없이 그 '할 수 없는'이라는 말이 들렸다. 민감한 말들이 오고가는 과정에서 나는 교사에게 혹시 브라이스를 싫어하는 건 아니냐고 물었다. 교사는 마치

총이라도 맞은 것 같은 반응을 보였다. 나는 너무 비참했고, 면담을 완전히 망친 것은 아닌가 싶었다. 교장은 나의 질문이 당연히 해야 할 적절한 질문이라면서 모두 브라이스를 사랑한다고 대답했다. 하지만 유치원 재정의 한도 내에서는 브라이스에게 필요한 것을 제공해줄 수 없다고 했다. 면담은 브라이스에게 공공 조기개입 서비스를 받게 하는 결정을 내리며 끝이 났다.

조기개입 프로그램의 교사와 치료전문가들은 시작부터 놀랄 정도로 '할 수 있는 것'을 강조했다. 그들은 끊임없이 브라이스가 얼마나 '훌륭한' 아이인지, 어디까지 발전할 수 있겠는지, 왜 그렇게 생각하는지, 거기에 도달하기 위해 어떤 계획을 가지고 있는지 말해주었다. 그들은 브라이스의 장점에 집중했다. 또한 브라이스의 어려움을 개선하기 위한 교육방법과 물리적인 시설에 초점을 맞췄다. 그것은 브라이스뿐만 아니라 우리 모두에게 울림을 주었다.

여러분이 부모라면 무엇이 자녀에게 좋은지 말해주는 내면의 소리를 들을 수 있다. 이 소리에 주의를 기울이자. 어느 누구도 여러분처럼 아이를 사랑하지 않으며, 아이의 미래에 헌신하지 않는다. 당시의 가장 유명한 치료법과 견해가 많은 아이에게는 적합할지 모른다. 하지만 여러분의 자녀에게는 맞지 않을 수도 있다. 1990년대 초반, 자폐에 대한 특이한 접근법 하나가 널리 퍼진 적이 있었다. 나는 그 접근법에 기분이 몹시 언짢았다. 나는 그것이 브라이스에게 맞지 않는다는 것을 200퍼센트 확신했다. 여러분은 내 얘기가 도전적이라는 느낌을 받았을 수 있다. 하지만 이 책의 초판을 쓸 때부터 나는 지속적으로 질문해왔다. 때로는 심술궂게 어떤 접근법은 혐오한다고도 말했다. 나의 답은 항상 같다. 그러나 나는 여러분에게 그것이 무엇인지 말하지는 않을 것이다. 그런 질문 때문에 여러분이 중요한 지점을 놓칠 수도 있기 때문이다. 여러분 스스로 정보를 익히고 아이에게 적합한 방법을 찾기 바란다. 나는 지금도 브라이스에 대해서 '할 수 있다'는 태도를 강력하게 보이고 있다. 그것은 일찍부터 '할 수 없다'는 태도와 싸워온 결과이다. 브라이스에 대해서 '할 수 없다'고 주장하는 메시지들을 보고 나는 겁을 먹었다. 그 메시지들은 나를 움츠러들게 만들었다. 그러나 다른 한편으로 나를 자극하고 분노케 했다. 그리고 끝내 내 입에서 "그렇다면 어디 한번 해보자."는 말이 나오게 만들었다.

만약 여러분이 아이가 '할 수 있는 것'에 관심을 집중하기 힘들다면 노력이 필요하다. 이것은 사고방식을 바꿔야 하기 때문에 시간과 연습이 필요하다. 우선 아이의 학습방식에서 실마리를 찾아보자. "내 아이가 '얼마나' 똑똑한지 묻기보다 내 아이가 '어떻게 하면' 똑똑해질 수 있는지 생각하라." 책《뇌는 어떻게 학습하는가》의 저자 데이비드 소우사David Sousa는 이렇게 상담해준다. 아마도 많은 아이가 다양한 방식으로 학습하는 데 비해 자폐아들은 하나의 학습방식만을 선호할지 모른다.

순차적 학습자는 단계적인 지시가 유리하다. 여기에 해당하는 아이들을 보면 기계적인 기억에 능숙한 경우가 많다. 어쩌면 이 아이들은 '반듯한 괴짜'인지도 모른다(그들은 시각적인 구조를 좋아한다.). 형태적 학습자는 정보를 덩어리째 흡수하는데, 처음에는 커다란 그림을 보다가 나중에는 덩어리를 세부적인 조각들로 잘게 쪼갠다. 자연탐구적 학습자는 자연스러운 환경에서 자연스럽게 발생하는 요소들과 섞여있을 때 가장 효율적으로 학습한다. 그들은 자연환경과 교류하는 것을 즐기며, 정보의 범주를 정하거나 조직하거나 유지하는 데 비상한 재능을 보일지도 모른다. 우리는 그것을 고도화된 분류기술이라 부른다. 운동감각적 학습자는 행동을 통해서 학습한다. 그들은 신체의 크고 작은 움직임을 통해서 세계를 경험하려고 한다. 등산가, 경주자, 춤꾼, 배우 등이 여기에 속한다. 그들은 기술과 도구를 즐긴다. 여러분의 꼬마 건축가나 체스 선수는 공간적 학습자라고 부를 수 있다.

그들은 머릿속으로 보는 물건을 계획하고, 건설하고, 설계하는 것을 좋아한다. 물리학과 기하학에 타고난 이해력을 갖고 있다. 하지만 문자로 된 구절들을 맞춤법에 맞게 쓰거나 기억하는 데는 서툴다. 소리에 과민하고 언어능력이 지체된 많은 자폐아는 음악적 학습자일 가능성이 있다. 그들은 소리(리듬과 운율, 두드리는 소리)로 된 패턴을 인지하여 멜로디를 머리에 기억하고, 이를 바탕으로 자기만의 곡조를 만들어낸다.

지금까지 살펴본 자폐아들의 특성에 따른 학습방식을 기반으로 일단 여러분은 아이의 정보처리 방식을 이해해야 한다. 그래야 학습으로 통하는 길이 열릴 수 있다. 학교 안팎의 활동에서 거둔 성공을 통해서 신뢰와 경험을 쌓고, 궁극적으로는 그걸 바탕으로 '할 수 없다'고 주장하는 사람들과 맞서야 한다. 이렇게 할 때 아이는 훨씬 더 효과적으로 자기에게 어울리는 학습방식에 접근할 수 있다. 여러분 또한 아이의 학습방식에 더 유연하고 적극적으로 접근하게 될 것이다. 그리고 마침내 자기에게 의미 있는 학습방식을 찾아낸 아이는 학습에 열의를 보일 것이다. 아이가 학습에 열의를 보이는 모습에서 여러분은 노력의 결실을 보게 될 것이다.

이렇게 되면 여러분은 분명히 책이나 의사의 진료실에 있는 틀에 박힌 성장도표나 발달시간표들을 던져버리게 될 것이다. 그중 많은 것은 여러분의 아이에게 아무런 의미도 없다. 내가 아이와 여행을 시작할 무렵, 나는 자폐의 특징 가운데 하나가 발달이 고르지 않다는 것임을 알게 되었다. 브라이스의 어릴 적 친구 하나는 네 살 때 해양학의 귀재였다. 그 아이는 산호초의 서식지와 생물발광에 대해서 내가 아는 것보다 훨씬 잘 알고 있었다. 하지만 그 아이의 어머니는 잠시라도 아이와 눈길을 맞추고 아이에게서 브라이스와 같은 미소를 볼 수 있다면, 해양학에 관한 지식은 모두 사라져도 좋다고 생각했다. 나는 그 엄마가 소망하는 두 가지를 다 얻었길 바란다. 브라이스도 발달이 순조롭지 않았다. 네 살 때까지 말을 또렷하게 하지 못했고, 초등 4학년 때까지는 책을 정확하게 읽지 못했다. 수영장을 좋아했지만, 여덟 살 때까지는 좋아만 할 뿐 수영강습을 받으려 하지 않았다. 그저 수영장 안에 들어가 벽면만 꼭 붙들고 있었다. 그러다가 어느 날 자기에게 맞는 강사와 수영장을 만나더니 수영을 하기 시작했다. 여러 달에 걸쳐서 여섯 단계의 훈련 과정을 거쳐야 할 수 있는 수영을 순식간에 해치운 것이다. 브라이스의 수영강사 말에 따르면, 아이들이 일정 단계에 오르면 경우에 따라 여러 달씩 머물다가 다음 단계로 나아가는 것이 대부분이라고 한다. 언어발달의 경우처럼, 브라이스는 수영도 형태적 학습법으로 배웠던 것이다. 작은 단계를 밟아가며 발전하기보다는 늦지만 큰 덩어리째 기술을 습득했던 것이다.

부모와 가족구성원 그리고 교사로서 '할 수 있는 것'과 '할 수 없는 것'에 대해 우리가 짊어진 책임과 취약점에 대해서 생각해볼 필요가 있다. 어떤 인터넷 사이트에서는 회원들이 나의 논문 〈열 가지〉를 올려놓고 활발한 논쟁을 벌였다. 나는 그 사이트에 올라온 편지 한 통을 읽고 마음이 아팠다. 자신을 '정나미 떨어지고 변덕스러운 여자'로 소개한 어떤 엄마의 이야기였다. 편지에는 오랫동안 아이에게 '난 널 사랑해. 그러나…'라는 조건부 사랑의 메시지를 보냈음을 보여주는 내용이 담겨있었다. "하느님이 내 말을 들어주신다면, 아이가 어리고 귀엽고 나를 때리지 않던 시절에 내가 했던 맹세를 취소할까 해요. 그때 나는 아이가 다른 아이가 되기를 원하지 않겠다고 맹세했어요. 내가 어리석었어요. 이제 나는 아이가 지금의 아이가 아니라, 다른 아이가 되기를 바라요. 앞으로 달라질 아이를 위해서요."

나는 이 편지를 읽고 눈물이 났지만 화도 났다. 아이는 지금의 부모를 앞으로 달라질 부모와 바꿔도 되는지 하느님께 물어보며 지내지는 않을 것이기 때문이다. 아쉽게도 이 어머니는 앞으로 아이가 매일 펼쳐 보일 마술을 구경하지 못할 것이다. 아이의 재능이 어머니의 비통함에 눌려 질식해버릴 것이기 때문이다. 난 이 점이 마음 아프다. 그리고 아이를 절망적인 상황에 빠뜨린 것에 분노한다. 게다가 어머니는 일반적인 아이의 문제에 대한 책임을 자폐에 돌리며 비난했다. "아몬드와 바비인형 조각을 강아지에게 먹이지 말라고 했잖아. 난 또 쓰레기가 생기는 게 싫어." 이는 공평하지 않다.

이 어머니는 영혼이 파괴될 정도로 피로에 시달렸음이 분명하다. 편지의 어조가 대부분 심술궂은 것을 보면 알 수 있다. 그럼에도 나는 여전히 편지에서 이 모든 상황을 변화시킬만한 힘을 가진 희망의 조각들을 읽을 수 있었다. 이 어머니가 성인이 될 아이의 미래를 걱정하고, 아이의 자폐가 형제자매에게 끼칠 영향을 줄이고 싶어 했기 때문이다. 또한 비록 '고문'이라고 표현하기는 했지만, 아이에게 전문적인 치료와 언어치료를 받게 하였다. 그래서 나는 편지의 어조가 거칠고 불쾌하지만, 어머니가 아이의 능력을 믿고 아이를 위한 자기 나름의 길을 찾아낼 거라는 희망을 품을 수가 있었다. 만일 여러분이 과거의 늪에 빠져 허우적거리며 과거를 곱씹기만 하면, 아이는 이를 자기에게 보내는 메시지로 받아들인다는 사실을 명심하기 바란다. 끊임없이 자신의 단점을 지적당하면서 자신의 단점을 개선하기란 무척 힘든 일이다. 자존감이 짓밟히기 때문이다.

　　부모와 가족구성원과 교사는 '할 수 있는 것'과 '할 수 없는 것'에 관한 이런 충고를 자신에게도 비춰볼 필요가 있다. 처음에 자폐 진단을 받게 되면, 많은 부모가 절박함을 느낀다. 그래서 손에 넣을 수 있는 자폐에 관한 자료를 닥치는 대로 구해 읽고, 온라인 토론모임에 가입하고, 거의 매일 다른 부모들과 연락을 주고받는다. 그러다 보니 너무 많은 정보에 압도당하기도 한다. 그런데 어떤 정보는 용기와 힘을 불어넣어주지만, 또 어떤 정보는 기분을 우울하게 하고 좌절하게 만든다. 전문가를 찾아가 상담도 해야 하고, 학교와 치료프로그램을 실천에 옮겨야 하고, 약물치료와 특수 식이요법에 대해 생각도 해야 하고, 이 모든 비용을 마련하기 위한 방법도 고민해야 한다. 여러분이 감당할 수 없을 만큼 쏟아지는 새로운 정보에 휘말리다 보면, 긴 안목으로 볼 때 여러분에게 도움이 될 다양한 수단들을 과잉복용할 위험이 있다. 그러면 마비증세가 나타난다. 이건 사실이며, 이런 일은 실제로 발생한다.

　　여기 여러분이 할 수 있는 일이 있다. 이것을 염두에 두고 적당하고 합리적인 속도로 새로운 도전에 대응하기 바란다.

여러분에겐 시간이 있다. 여러분에겐 시간이 많다.

여러분에겐 오늘이 있다. 여러분에겐 내일도 있다.

여러분에겐 다음 주가 있다.

여러분에겐 다음 달과 다음 해, 그리고 다음에 올 많은 해가 있다.

해마다 여러분과 의학 분야와 교육에 필요한 새로운 정보와 합의가 쏟아진다.

반대론자의 말을 듣지 마라. 끝까지 버텨라. 결과는 나타날 것이다.

여덟

친구를 사귈 수 있게 도와주세요

내가 다른 아이들과 놀고 싶지 않아서 운동장 구석에 혼자 있는 건
아니에요. 아이들에게 다가가 말을 걸고 놀이에 끼어드는 방법을
모르기 때문이에요. 또 하나, 나는 다른 사람의 얼굴 표정이나 몸짓언어,
감정을 읽을 줄 몰라요. 그래서 사람들의 기분을 상하게 하거나
당황스러운 상황이 연출되기도 하죠.
혹시 아이들이 발야구 같은 놀이를 하고 있을 때 나도 끼워주라고
얘기해주세요. 아이들과 함께 놀 수 있다면 정말 행복할 거예요.

솔직히 자폐아들은 괴짜처럼 보일 때가 많다. 그것이 아이와 부모의 마음을 아프게 한다. 그래서 많은 부모가 무슨 일이 있어도 아이를 바로잡겠다고 다짐한다. 만일 사교성이 생리학적 기능에 속했다면, 약물치료와 식이요법, 운동이나 물리치료를 해서라도 사교성을 끌어내려 했을 것이다. 우리 아이들이 호기심 많고, 외향적이고, 의욕적인 학습자라면, 교과과정을 통해서 가르치려고 애를 썼을 것이다.

하지만 우리 아이들은 그렇지 못하다. 물론 기본적인 예의 범절(미안해요, 고마워요, 소맷자락 대신 휴지를 사용하세요, 차례를 기다려요.)은 가르칠 수 있다. 그러나 번잡한 일상생활의 미묘한 차이들을 이해하며 다른 사람들과 어울려 지내기는 힘들다. 우리는 아이가 자기 주변세계와 조화롭기를 바란다. 학교와 지역사회와 회사와 대인관계에서 자립적으로 생활하기를 바란다. 그러나 사회생활은 책을 통해 배울 수 있는 것이 아니다. 그리고 우리가 아이들에게 기대하는 행동은 '사회적 사고'가 완성되는 마지막 단계에 형성된다. 아주 어릴 때부터 조심스럽게 사회적 사고를 길러주자. 그러면 아이가 자라면서 서서히 확고해질 것이다.

- 조망수용 : 세계를 다른 사람의 관점에서 보고 느낄 수 있으며, 관점의 차이를 학습과 성장의 기회로 받아들일 수 있다.
- 유연성 : 판에 박힌 일과 기대에서 벗어날 수 있고, 실수는 학습과 성장의 일부일 뿐 궁극적인 결과가 아니며, 실망은 정도의 문제라는 사실을 이해할 수 있다.
- 호기심 : '왜'라는 의문으로부터 동기를 끌어낸다. 어떤 것은 왜 존재하고, 그 존재는 왜 중요하며, 다른 사람들은 왜 그렇게 느끼는지, 그리고 그 존재가 우리에게 얼마나 중요한지 곰곰이 생각한다.
- 자존감 : 과감하게 새로운 일을 시도할 수 있을 만큼 자신의 능력에 대한 믿음이 굳건하다. 자신에 대해 충분한 애정과 존

중하는 마음을 갖고 있다.

- 거시적인 생각: 다른 사람들과 교류를 하든 하지 않든, 사회적 사고와 사회적 인식이 우리의 모든 행동과 연관되어 있다는 사실을 이해한다. 우리는 이야기를 읽고, 등장인물의 동기를 파악하려고 듣고, 그들이 다음에 무엇을 하려는지 예측하려고 한다. 그리고 머릿속으로 상황을 재연하면서 우리가 적절하게 행동했는지 판단한다.

- 의사소통: 우리가 대화하고 있지 않을 때조차도 의사소통이 이루어진다는 걸 이해한다. '사회적 사고'라는 용어를 만들어 냈으며, 오늘날 이 분야에서 주도적인 목소리를 내고 있는 마이클 가르시아 위너(《당신에 대한 생각, 나에 대한 생각》 2판. 2007년)는 순식간에 연속적으로 전개되고, 종종 무의식적으로 이뤄지는 의사소통의 네 단계를 다음과 같이 설명했다.

·자신만이 아니라 다른 사람의 생각과 감정도 생각한다.

·존재감을 확고히 한다. 그래야 사람들이 의사소통을 통해 우리의 의도를 이해할 수 있다.

·사람들이 어떻게 느끼고, 행동하고, 반응하는지, 우리 사이에서 무슨 일이 일어나고 있는지를 눈으로 추적 관찰한다.

·다른 사람들과 관계 맺기 위해 언어를 사용한다.

여기서 여러분이 주의를 기울여야 할 지점이 있다. 바로 마지막 의사소통 단계에서 언어를 사용한다는 사실이다. 일반적으로 부모와 교사들은 언어소통을 강조한다. 아직 의사소통을 위한 준비도 부족하고 취약한 아이에게 말이다. 이렇듯 의사소통의 세 단계를 무시한 채 아이에게 오로지 넷째 단계인 언어소통만 가르친다면, 아이는 사회적 의사소통을 효과적이고 성공적으로 하기 힘들어진다. 이것은 다른 사람들과의 예기치 않은 만남에서 아이가 비언어적인 의사소통을 자연스럽게 해낼 수 있는 것만큼 중요하다.

그런데 아이들이 다른 사람들과 소통을 하다 보면 미묘한 상황에서 자칫 오해를 받는 경우가 있다. 여기에서는 크게 세 가지 범주로 나눠 이야기하겠다.

● 음성에 의한 의사소통 : 자폐아는 말의 미묘한 차이를 구별하지도, 알아듣지도 못한다. 풍자와 말장난, 관용구, 은유와 암시, 속어, 두 가지로 해석되는 말, 과장이나 추상을 이해하지 못한다. 아이는 말을 할 때 단조로운 어조로 말하거나(아이가 지루해한다는 느낌을 준다.), 또는 너무 크거나 너무 빠르거나 너무 느리게 말할지도 모른다.

● 운동감각적 의사소통: 아이는 몸짓언어를 이해하지 못하고, 얼굴 표정과 감정표현(울음, 주춤거림)을 읽어내지 못한다. 또한 몸짓이나 자세를 적절하게 유지하지 못하고, 눈빛을 마주치지 않으려 할지도 모른다.

● 공간적 의사소통: 아이는 물리적 공간의 정보, 미묘한 지리적 단서, 개인적 경계의 규범을 이해하지 못한다. 아이는 자기도 모르는 사이에 '공간의 침입자'가 될 수도 있다. 공간에 관한 규칙은 문화에 따라 다를 뿐만 아니라, 개인들끼리의 관계에 따라 사람마다 다르기도 하다. 친한가? 우연히 만났는가? 개인적인 관계인가? 사회적인 관계일 뿐인가? 공공장소에서 만났는가? 일단 공간을 해석하려면 일정 수준의 추론이 필요하다. 하지만 많은 자폐아에게는 불가능한 일이다.

아이들이 다른 사람들과 편안히 교류할 수 있게 도와줄 수 있는 마법의 약이나 특별한 치료법은 없다. 그저 사소한 기회나 만남이 수천 번 쌓이고 쌓여서 만들어진 조각무늬 그림과 같다고나 할까? 그리고 이런 조각무늬 그림들이 한데 합쳐져 아이에게 자존감이라는 핵을 형성하게 된다. 아이가 시간의 의미를 사회적으로 충분히 이해하고, 또 어렵지만 사회적 뉘앙스에 대한 실마리를 얻기 위해서는 부모이자, 교사이자, 안내자인 여러분이 필요하다.

삶의 길목마다 우리에게는 인생의 길잡이가 필요하다. 가정과 직장, 학교에서, 우리 동네를 여행할 때, 장을 볼 때, 심지어 휴식을 취하고 기도를 드릴 때에도 우리에겐 길잡이가 필요하다. 이토록 까다로운 지형 위에서 아이들을 이끌어야 하는 여러분에게 간절히 부탁하고 싶은 말이 있다. 아이를 바꾸겠다고 마음먹지 말고 그냥 이끌어주기 바란다. 아이에게 끊임없이 바뀌어야 한다는 메시지를 전하면, 필연적으로 아이의 발전을 가로막는 벽만 쌓게 될 뿐이다. 자존감은 아이가 사회에서 살아가는 데 없어서는 안 될 요소이다. 그런데 '지금 이 상태로는 충분하지 않다.'는 메시지를 계속 받는 환경에서 아이의 자존감이 제대로 자랄 수 있겠는가? 물론 아이가 사회성 발달에 도움이 되지 않는 행동을 할 때도 분명히 있다. 그렇더라도 항상 전인적 존재인 아이와 그 행동은 분리해서 생각해야 한다.

나와 브라이스는 길고 긴 경주를 벌이고 있었다. 정말 결승선이 있다면 몇 광년이나 멀리 떨어진 곳에 있을 것이다. 우리는 둘 다 그 사실을 분명히 알고 있었다. 기분 좋은 날은 일상적인 일들이 마냥 즐겁고 보람차서 우리가 목적지를 향해서 나아가는 것이 명확해 보였다. 반면에 기분이 좋지 않은 날은 순간순간 버티기도 어려워 인생이 너무나 힘들게만 보였다. 갈 길이 까마 득히 멀어 보이기만 하던 어느 날이었다. 나는 얼마나 더 노력을 해야 목적지에 도달할 수 있을지 궁금해졌다. 하지만 욕구란 사 회적 능력과 마찬가지로 포괄적이고 끝이 없다. 아이에게 사회 적 능력을 가르치고 길러주는 것과 아이를 바꾸려 드는 것은 엄 연히 다르다. 그렇다면 우리는 어떻게 그 경계선을 확인하는가? 내 아들에게 필요한 모든 서비스와 기회를 제공하는 것과 그것 들을 폭격하듯 퍼붓는 것을 구분하는 경계는 어디 있는가?

브라이스는 겨우 다섯 살 때 매일 여섯 시간 삼십 분을 발 달유치원에서 보내고, 일주일에 3일은 언어치료를 받고, 이어서 특수체육수업을 하고, 일대일로 전문치료를 받았다. 또 있다. 방 과후 보충치료와 다양한 사회활동에도 참여시켰다. 나는 이것이 브라이스에게 어떤 메시지를 보내는지 정말 심각하게 의심하기 시작하였다. 브라이스가 받은 메시지는 바로 '나는 뭔가 잘못되 었다.'는 것이었다.

내가 처음 어머니가 되던 날, 소아과 의사는 이렇게 말했 다. "당신의 본능을 믿어야 해요. 당신은 당신이 알고 있다고 생 각하는 것보다 더 많은 것을 알고 있어요." 나는 그 충고에 따르기로 결정했다. 나는 학교를 제외하고 브라이스가 받는 모든 치료를 취소했다. 내가 그렇게 한 까닭은 아이의 학습방식, 학습속도, 학습상황 그 자체도 학습의 궁극적 목표 못지않게 중요하다는 믿음을 갖게 되었기 때문이다. 몸에 좋은지 나쁜지 따지지도 않고 억지로 우겨넣으면 구토반응이 일어나게 되어있다. 아이가 학습하기에 가장 좋은 환경은 끊임없이 압박하고 요구하는 환경이 아니었다. 자존감이 무럭무럭 자라고, 자신을 진심으로 좋아하고, 자기가 처한 상황에서 편안함을 느낄 수 있는 토대를 만들어주는 일이 더 중요했다. 나는 그런 토대가 있으면 사회적 능력들은 자연히 생긴다고 믿었다. 그러나 그런 능력들은 나나 다른 사람들이 책이나 도표, 또는 다른 아이들과의 비교를 통해서 발굴할 수 있는 것이 아니다. 사회적 능력은 아이만이 가진 고유한 발달시간표에 따라 생겨난다. 나는 내가 올바른 일을 하고 있다고 확신하지 못했다. 다만 브라이스에게는 속도와 자존감이 직접적으로 관계가 있는 듯이 보였다. 기분이 '가라앉은' 시간이 실제로는 '재충전'을 하는 시간이었다. 이를 통해서 아이는 자기 몫의 삶에 대해 어떤 선택을 할 수 있었고, 그 결과 학교생활에 자발적으로 모든 노력을 기울일 수 있었다. "브라보!" 브라이스의 보조교사가 말했다. "당신은 믿지 않을지 모르겠지만, 난 녹

초가 된 아이들을 얼마나 많이 보는지 몰라요. 모든 아이처럼 이 아이들에게도 아이가 될 시간이 필요해요."

열세 살 때 브라이스는 단체운동에서부터 학교의 무용반 활동에 이르는 사회적 교류에 성공적으로 참여할 수 있었다. 이 바탕에는 자존감이 있었다. 브라이스의 경우는 건강한 자존감이 뒷받침될 때 자폐아가 어디까지 성취할 수 있는가를 보여주는 인상적인 사례이다. 브라이스와 내가 이 원정에 나선 지 어언 10년이 되었다. 이곳까지 먼 길을 여행하며 우리는 많은 일을 겪었다. 때로는 터벅터벅 걷기도 하고, 때로는 춤을 추며 지나기도 하였다. 지나고 나서 보니, 집요하게 자존감을 키워준 것이 아이가 안전지대 밖으로 자진해서 조금씩 나올 수 있게 된 가장 커다란 요인이었다. 자존감이 브라이스에게 편안함을 느낄 수 있는 영역을 엄청나게 넓혀주었다. 이제 브라이스는 자기를 모욕하는 아이들에게 "넌 예절을 더 배워야겠다."라거나 "넌 어른이 되려면 아직 멀었어."라는 식으로 대응한다. 아이가 이토록 당당하게 괴롭힘과 학대를 헤쳐나가는 것을 보면 입이 다물어지지 않을 정도이다.

목표를 분리해서 명확히 하고 한 번에 하나의 목표에만 초점을 맞추면, 사회적 의식을 가르치기가 훨씬 더 쉽다. 자그맣게 시작해서 차례차례 성공을 쌓아가기 바란다. 그리고 선입견과 고정관념을 가지고 아이의 발전을 측정하는 태도를 버리기 바란다. 아이의 성장발전에 대해 정의 내리는 것은 움직이는 목표물을 맞히는 것과 같기 때문이다.

목표를 분리하여 관리 가능한 상태로 유지하는 것이 가장 중요하다. 메시지가 중첩되면 여러분은 아이가 주요 목표와 부차적 목표를 구별할 수 있는지 관찰할 수 없다. 만일 아이가 즐거운 기분으로 가족과 함께 저녁식사를 하려고 한다면, 이 상황에 여러 가지 목표가 개입되어 있다는 사실을 인식해야 한다. 그 가운데 사회적 요인을 목표로 삼으려면, 알맞은 좌석과 식사도구를 제공하고, 아이를 괴롭힐지도 모를 음식을 치우거나, 아이와 대화를 나누기 위해 노력할 필요가 있다. 이때 반드시 명심해야 할 사실이 있다. 불쾌한 냄새가 나고, 음식을 천천히 씹어야 하고, 식사예절에 대해 훈계를 듣고, 다른 사람들의 대화가 이해되지 않는 상황에서 저녁식사를 함께하는 것은 아이에게 보통 일이 아니다. 만일 목표가 사회화라면, 운동근육을 발달시키는 목표나 영양을 섭취하는 목표와 분리해야 한다. 나는 지금까지 그렇게 해왔다. 성장하는 동안에 내 아이들은 몇 번에 걸쳐 일정 시기에 아침을 자기 방에서 먹었다. 분주한 아침 일과가 아이들이 감당하기에는 너무 벅찼고, 하루 중에 그때의 목표는 사회화가 아니라 영양섭취였기 때문이다. 그것은 우리가 지금까지 오면서 아이들에게 베풀었던 여러 가지 편의 가운데 하나였다. 이렇게 인내심을 가지고 목표들을 분리하여 관리해오던 어느 날, 우리를 감동의 도가니로 몰아넣은 사건이 발생했다. 브라이스는 열두 살이었고, 그날은 나의 생일이었다. 우리 가족은 시내에서 가장 멋있는 음식점에 갔다. 아이들은 그곳을 좋아했다. 그곳에서 나는 평생 잊지 못할 멋진 광경을 목격했다. 브라이스가 손에 지폐를 팁으로 들고 피아노 연주자에게 걸어가더니 이렇게 말했다. "우리 엄마를 위해서 '스타더스트(노래제목)'를 연주해주시겠어요? 오늘이 엄마 생일이거든요." 그 순간 나는 여러 해 동안 낯선 풍토에 적응하느라 고생했던 기억이 씻은 듯 사라졌다.

아이에게 사회적 능력이 스며들게 해주는 묘약은 없다. 사회적 능력은 날마다 아주 조금씩 쌓여가는 것이다. 오래된 속담의 충고를 한번 들어보자. "한 번에 한 걸음씩 걷다 보면, 산 정상에 오르게 된다." 우리는 모세가 아니다. 그러므로 실제로 정상이 있다고 해도 정상에 무슨 서판이 있을 리는 없다. 그러나 만일 서판이라는 것이 있다면, 아마도 이런 내용이 적혀 있지 않을까 생각한다.

1. '아이를 바꾼다.'는 생각을 지워야 한다.

2. 아이의 자존감을 키워주어야 한다. 자존감은 위험을 감수하면서 사회활동을 하는 데 필요한 토대이자, 다른 사람들의 불친절한 행동에 대항할 수 있는 방패이다.

3. 아이가 적응할 수 있는 사회환경을 지속적으로 조성해야 한다.

4. 사회적 능력이라는 목표를 정했다면 명확해야 한다. 따라서 겹치거나 충돌하는 목표들에 주의해야 한다.

5. 학습량을 적게 잡고 찬찬히 쌓아가도록 해준다.

6. 발전에 대해 정의를 내릴 때는 융통성을 발휘해야 한다. 앞으로 두 걸음 걷다가 뒤로 한 걸음 물러서는 것도 여전히 발전이고 칭찬받아 마땅한 성장이다.

7. 아이가 어렵게 용기를 내어 사회활동에 참여했더라도 합리적인 이유가 있으면 빠질 수 있게 해주어야 한다. 여러분은 아이가 교회 성가대나 애완동물보호 자원봉사에 참여하기를 바란다. 하지만 아이가 몇 번 모임에 참가하고 난 뒤에 몹시 싫어하면 그만두게 하고 다른 활동으로 바꿔주어야 한다. "참고 끝까지 하라."는 말은 그보다 더 중요한 일을 위해서 아껴두어야 한다.

8. 사회적 능력을 실습할 수 있는 기회를 많이 제공해야 한다.

9. 아이의 생각에 조금씩 유연성을 심어주어야 한다. 모든 실수나 실망이 다 중요한 것은 아니다. 감정도 상황에 따라서 그 정도가 각기 다르다.

10. "인내, 인내, 또 인내!" 이렇게 세 번 반복하기 바란다. 지금 여러분에게는 약이 되고, 앞으로 언젠가 아이에게는 굉장한 도움이 될 것이다.

사회환경에 적응하기 위해 아이는 엄청난 노력을 기울여야 한다. 여러분은 이 점을 이해하고 항상 유의해야 한다. 아이는 자기가 가진 능력과 사회적 이해를 바탕으로 최선을 다해 노력하고 있다. 사회적 뉘앙스는 이해하지 못해도, 아이는 언제 여러분이 자기를 믿어주고, 언제 여러분의 믿음이 약해지는지를 알고 있다.

"한 번에 한 걸음씩 걷다 보면 산 정상에 오르게 된다." 내 아들 코너가 어렸을 때 좋아했던 책 중 하나가 인류 최초로 에베레스트 정상에 오른 에드먼드 힐러리 경Sir Edmund Hillary과 그의 셰르파인 텐징 노르게이Tenzing Norgay의 이야기였다. 사람들은 두 사람 중 누가 최초로 정상에 발걸음을 내디뎠는가에 대해 오랫동안 논쟁을 벌여왔다. 유명한 에드먼드 힐러리 경이 아니라 사실은 셰르파인 텐징이었을 거라는 추측이 난무했다. 그런데 텐징의 아들이 인터뷰를 하면서 이렇게 말했다. "내가 물었더니 아버지께서 '너도 알겠지만 그건 중요하지 않아. 우리는 한 팀으로 산에 올랐으니까.'라고 말씀하셨어요."

여러분은 텐징처럼 여러 해에 걸쳐 산을 오르고 있다. 여러분의 아이는 힐러리 경처럼 처음으로 이 산을 오르는 중이다.

여러분은 길을 따라 걷다 보면 경치가 장관을 이룬다는 것을 알고 있다. 그러니 여러분이 셰르파가 되어 아이가 그 경치를 볼 수 있도록 도와주기 바란다.

아홉

분노발작의 원인이 무엇인지 확인하세요

내가 하는 모든 행동은 의사소통의 방식 중 하나라는 걸 기억해주세요.

말로 표현하지 못하는 걸 행동으로 드러내 보이는 거예요.

어떤 행동을 계속 반복한다면 뭔가 원인이 있는 거예요.

분노발작이 일어날 때 나는 굉장히 고통스럽고 무서워요.

잘 모르는 사람들은 내가 함부로 짜증을 부리거나

벌컥 화를 낸다고 쉽게 말할 수 있어요.

하지만 나도 분노발작을 일으키고 싶지 않아요.

여러분은 지금부터 내가 하려는 말을 믿지 않을지 모른다. 그러나 나는 여러분이 내 얘기를 끝까지 들으면 생각을 바꿀 거라고 믿는다. 내가 하려는 말은 아이가 감정을 이기지 못하고 폭발해 마구 흥분하는 데는 수많은 이유가 있다는 것이다. 아이가 도무지 감당할 수 없는 행동을 하고, 거만하게 굴고, 고집을 부리고, 버릇없이 행동하는 이유를 들자면 아마 끝도 없을 것이다.

　　결론부터 말하자면, 모든 행동에는 원인이 있고, 모든 행동은 의사소통이라는 사실이다. 분노발작은 그 순간 어떤 방법으로도 자신의 의사를 전달하지 못할 때 아이가 선택하는 최후의 방법으로, 이 또한 여러분에게 보내는 메시지이다. 주위에서 자신의 예민한 감각을 교란하는 어떤 일이 벌어지고 있다는 사실을 알리는 것이다. 잔뜩 긴장한 상황에서는 아무리 말을 잘하는 아이라도 '자신의 목소리를 잃을' 수 있다. 언어능력이 부족하거나 아예 없는 아이에게 언어를 대신할 기능적인 의사소통 수단이 없다면, 정말로 다른 선택은 없다. "분노발작은 아이의 능력 밖의 일이다. 일부러 짜증을 부리려는 것이 아니다." 여러분은 항상 이 말을 명심하기 바란다. 그러면 아이의 행동에 한결 차분하게 대응할 수 있을 것이다. 부디 한 순간이라도 아이가 분노발작을 통해서 부정적인 주목을 받고 싶어 한다고 여기지 않기를 바란다. 그것은 비논리적이고 비생산적인 생각이다.

'아이는 할 수만 있다면 다른 사람들과 좋은 관계를 맺고 싶어 한다. 그런데 아이에게는 그럴만한 사회적 지식도, 감각 통합능력도 없다.' 여러분은 이렇게 생각해야 한다. 그래야 공정하다. 이렇게 생각하려고 의식적으로 노력할 때 여러분은 아이의 행동에는 원인이 있다고 믿고, 그것을 찾아내려는 호기심과 끈기를 갖게 될 것이다. 원인을 찾을 때는 그동안 우리가 이야기했던 감각의 과도한 부담, '할 수 없는 것'과 '하지 않는 것', 적절하지 못한 표현방법 등의 문제들이 종합적으로 고려

되어야 한다. 그리고 반드시 유념해야 할 사실이 있다. 원인이 무엇이든 간에, 아이는 그것을 명확하게 표현하지 못할 가능성이 높다는 점이다.

원인을 찾아내는 일은 힘들고 어려운 일이다. 그것은 행동에 대해 변명하는 것과는 차원이 다른 것이다. 변명은 단지 정당화를 시도하는 데 불과하다. "아이는 단지 하고 싶지 않을 뿐이야. 원하기만 하면 (행동하고, 조용히 앉아있고, 협력) 할 수 있을 거야." 이렇게 말해버리면 책임이 면제된다. 이렇게 말하는 사람은 굳이 행동의 원인을 밝히려고 노력하지 않아도 된다. "네가 정말 원하기만 하면, 넌 무엇이든 할 수 있어." 옳은 말이다. 진부하긴 하지만 우리는 이런 말이 용기를 불어넣는다고 생각한다. 앞을 못 보는 아이도 정말 원하기만 하면 칠판을 보고 글자를 베낄 수 있는가? '할 수 없는 것'과 '하지 않는 것'의 차이에 대해 다시 얘기를 시작해야 할까? 아이가 말을 듣지 않고 지시에 따르지 않는 것은 동기가 부족하기 때문만은 아니다.

아이가 분노발작을 일으키는 근본 원인이 명백하게 드러나지 않는 힘겨운 순간이 많아질 것이다. 그렇지만 여러분을 당황케 하는 아이의 여러 행동에는 항상 근본 원인이 있기 때문에 여러분이 돈키호테처럼 보이지 않는 적과 싸울 일은 없을 것이다. 그리고 여러분의 탐색작업은 불가능한 꿈이 아니다. 다만 근본 원인을 찾아내는 과정에서 여러분은 호기심을 갖고, 세심하고, 철저해야 할 필요가 있다. 분노발작을 일으키는 요인은 몇 가지로 분류되는 경향이 있다. 그 요인을 정확하게 찾아낼 수만 있으면 분노발작을 예방할 수도 있다. 이제 여러분은 아이의 분노발작 촉발요인을 찾아내는 능력을 갖춰야 한다. 그래야 아이가 스스로 원인을 찾아낼 수 있도록 도와줄 수 있고, 그러면 아이는 자신을 조절할 수 있다. 일단 네 가지 촉발요인을 살펴보자.

1. 감각의 과도한 부담
2. 물리적 또는 생리적 요인

    음식 알레르기 또는 민감성 / 수면장애 / 위장문제

    부족한 영양섭취 / 생화학적 불균형 /

    분명하게 드러내어 표현하지 못한 병이나 상처

3. 감정적 요인

    좌절 / 실망 / 냉대·불공평한 대우를 받는다는 느낌

4. 어른에게서 겪은 부당한 일들

감각의 과도한 부담

　　그날은 친척집에서 잔치가 있었다. 그 집은 브라이스에게도 낯익은 곳이었다. 그런데 잔치 중간에 브라이스가 몸을 흔들어대며 집안을 뛰어다니기 시작했다. 흥분한 것이 틀림없었다. 내가 진정시키려고 하자 아이는 두 팔을 거칠게 휘두르며 고양이처럼 내 얼굴을 할퀴었다. 너무 이르긴 했지만 갈 시간이 되었다는 신호였다. 이런 상황에서 우리는 늘 그렇게 해왔다. 그런데 평소에는 이해심이 많았던 친척이 우리를 막아섰다. 그리고는 나에게 세 살짜리 아이가 잔치를 자기 마음대로 방해하게 둘 셈이냐고 물었다. 질문에 대한 내 대답은 하나는 긍정이고, 하나는 부정이었다. 세 살짜리 아이의 절박한 요구 때문에 잔치에 함께 어울리지 못하게 된 것은 사실이었다. 그러나 아이는 잔치를 방해하려고 그런 행동을 한 것은 아니었다. 아이는 의사소통을 하는 중이었다. 아이의 언어능력이 아직은 거기까지밖에 이르지 못했기 때문에, 나는 아이의 행동이 무엇을 의미하는지 알아내야 했다. 우리가 친척집에서 출발하자마자 아이의 공격성은 사라졌다. 아이는 짜증을 부렸던 것이 아니었다. 고통스러웠던 것이다.

나는 아이가 흥분해서 상동행동을 하자마자 자동적으로 아이가 괴로워한다는 걸 눈치챘다. 아이는 낯익은 곳에서 자기가 사랑하는 사람들과 즐겁게 지내고 있었다. 그런데 어느 순간 뭔가 잘못되었던 것이다. 이럴 때는 항상 감각의 문제를 먼저 살펴보아야 한다. 너무 소란해서 예민해진 걸까? 역겨운 냄새를 맡았나? 사람들이 너무 많아서 피곤했나? 난 알 수가 없었다. 하지만 지금 그건 문제가 되지 않는다. 무엇보다 중요한 것은 이 일이 기억에 남을만한 사건이 되기 전에 불쾌한 상황을 종결하는 것이다.

물리적 또는 생리적 요인

음식 알레르기 또는 민감성

이 두 용어는 종종 혼재되어 사용되곤 한다. 하지만 이 둘의 의미는 다르다. 알레르기는 면역체계에 문제가 생겼을 때 나타나는 반응이라면, 민감성은 물질에 대해 약품과 같은 반응을 보이는 것이다. 반응의 정도는 사람에 따라 다르다. (예를 들어서 콩 모양의 빨간 젤리 두 개만 먹어도 과민하거나 공격적인 행동을 하는 아이가 있는 반면에, 한 움큼 먹고도 아무렇지 않은 아이도 있다.) 음식 알레르기와 민감성 둘 다 아이들에게 이해하기 어렵거나 공격적인 행동을 유발할 수 있다는 증거는 많다. 인체에 해가 될 수 있는 물질의 목록을 만들자면 끝이 없을 것이다. 하지만 일반적인 것을 몇 가지 예로 들어보면, 식용염료와 방부제, 그밖의 식품첨가물, 우유, 견과류, 딸기, 감귤류, 조개, 달걀, 밀, 옥수수, 콩 등이 있다.

　주의사항 : 아이가 일주일 동안 먹는 모든 음식에 대해 일기를 쓰고, 아이가 분노발작을 일으킨 시간을 기록하기 바란다. 점심으로 땅콩버터 샌드위치를 먹고 난 뒤에 아이가 이해하기 어려운 행동을 하기 시작했다면, 2주일 동안 아이 음식에 밀가루나 견과류를 넣지 않는 방법도 있다. 한 번에 한 성분만 빼야 한다. 특히 아이가 좋아하는 것이라면 서서히 단계적으로 빼는 것이 좋다. 그 음식을 빼고 난 뒤에 분노발작이 약화되었는가? 그렇다면 다시 그 음식을 조금씩 분량을 늘리면서 넣고, 그런 행동이 다시 나타나는지 점검해보기 바란다.

수면장애

　아이가 잠을 제대로 자지 못하면 여러분의 생활도 힘들어질 수 있다. 만성적으로 피로를 느끼는 아이는 반드시 행동에 문제가 생길 수 있다.

주의사항: 반드시 취침시간을 지킨다. 이어서 낮잠을 재우지 않고, 냄새를 제거하고, 과도한 자극을 받지 않게 하는 등 일반적인 방법들을 써본다. 그래도 안 되면 감각문제를 생각해보기 바란다. 감각문제에는 다음과 같은 것이 있을 수 있다.

- 시계가 똑딱거리는 소리, 보일러나 수도관에서 나는 물소리
- 따끔따끔한 침대보나 담요, 또는 잠옷
- 세탁용 제품과 화장품류에서 나는 냄새
- 자기수용감각이 불안정한가? 아이는 침대에 있으면서도 '허공에서 길을 잃은 것'처럼 느낄 수 있다. 이런 경우에는 엄마 모양의 침낭, 난간, 개인용 커튼이 달린 텐트나 칸막이가 도움을 줄 수 있다.

위장문제

위장에 문제가 있는 자폐아들은 고통이 굉장히 극심한 것처럼 보인다. 이유는 아직까지 충분히 밝혀지지 않고 있지만, 아이가 자신의 고통을 극단적으로 표현하기 때문인지도 모른다. 위산 역류(속쓰림)는 식도의 통증과 수면 중단, 복부의 불편을 유발할 수 있다. 변비와 설사, 만성 고창은 생리적으로 뿐만 아니

라 사회적으로도 서로 관계가 있다. 언어능력이 떨어지는 아이들은 고통을 말로 표현하지 못하고, 검사를 받을 때 제대로 협조하지 못해 많은 아이가 검진을 받지 못하고 있다.

부족한 영양섭취

음식을 많이 먹어도 영양가가 낮으면 아이의 두뇌는 굶주린 상태가 된다. 영양결핍은 아이의 행동에 악영향을 끼친다. 영양섭취를 개선하는 쉬운 방법은, 음식을 좀 더 '자연'에 가까운 상태로 섭취하는 것이다. 가공 처리된 흰 밀가루와 백설탕 제품, 가공 처리된 고기와 과일 향을 넣은 음료수 제품들은 대개 영양가는 낮고, 지방과 소금, 설탕, 화학물질의 비중만 높다.

주의사항 : 음식 알레르기를 확인할 때처럼 아주 조금씩만 변화를 주기 바란다. 아이가 좋아하는 음식들을 갑자기 없애면 실패하기 쉽다.

생화학적 불균형

모든 것이 여기에 포함될 수 있다. 위산 과다, 위산 결핍, 담즙 불순, 비타민 결핍이나 미네랄 결핍, 효모 불균형이나 박테리아 불균형이 여기에 포함된다. 불안, 우울증, 공격성, 체중 변동,

수면문제, 공포문제, 촉감문제와 같은 증상들이 포함될 수 있다.

분명하게 표현하지 못한 병이나 상처

귀의 감염과 골절처럼 언어능력이 떨어지는 아이가 의사소통을 통해서 표현할 수 없는 고통스런 상태는 다양하다.

감정적 촉발요인

좌절

여러분의(또는 자신의) 기대와 목표에 부응하려고 노력하지만 뜻대로 되지 않을 때, 아이는 좌절을 느낀다. 어쩌면 아이가 기대를 이해하지 못하거나 기대가 너무 높아서 실패할 수도 있다. 어쩌면 도달할 수는 있지만, 그것이 왜 필요하고 중요한지 이해하지 못할 수도 있다. 또 어쩌면 아이에게 그것에 부응할 수 있는 사회적 능력이나, 운동감각 능력, 또는 언어능력이 없을 수도 있다. 나는 몇 년 전에 주의력결핍-과잉행동장애가 있는 소녀에 관한 이야기를 들은 적이 있다. 몸을 빙빙 돌리며 정신없이 춤을 추는 아홉 살 소녀에게 교사가 3주 동안 '얌전하게' 있으면 아이스크림을 상으로 주겠다고 했다는 것이다. 소녀는 치료사에게 이렇게 말했다고 한다. "그 선생님이 날 놀리는 걸까요? 난 3 주는 고사하고, 세 시간도 '얌전하게' 있을 수 없어요. 게다가 난 아이스크림도 좋아하지 않아요." 교사의 목표는 비현실적이고 도달할 수 없는 것이었다. 목표에 도달할 수 있도록 도와줄 길잡이도 전혀 없었다. 보상 또한 적절하지 못했다.

여기 6단계로 구성된 훌륭한 대본이 있다. 교사와 학생이 (1)일대일로 만나서 (2)합리적이면서도 (3)보상을 통해 의미 있는 동기를 부여하는 (4)단기적이고 (5)특별한 목표에 대해 (6)논의하고 합의하는 것이다. 예를 들어, 조용한 독서시간이라면 학생은 자기 자리나 다른 지정된 장소에 앉아있으려고 노력할 것이다. 점심시간이라면 식사를 마치고 어느 정도 휴식시간이 있는데, 이 시간에 이어 20분 정도를 목표시간으로 정하는 것이다(휴식에 이어지는 짧은 시간을 목표로 정하면 아이가 성공할 확률이 아주 높다.). 성공할 경우에 컴퓨터를 할 수 있는 기회나 영화 입장권, 아니면 그밖에 다른 매력적인 보상을 제공하기로 합의하는 식으로 말이다.

성공을 경험한 아이들은 대부분 목표에 적극적으로 도전한다. 그리고 성공경험이 쌓이면 아이의 좌절감도 줄어들고, 분노 폭발로 사람들을 당황하게 하는 일도 줄어들 것이다.

실망

기대했던 사람이 나타나지 않거나 예상했던 사건이 일어나지 않을 때, 아이에게 실망이 찾아온다. 특히 자폐아들은 정해진 일과와 익숙한 것에 의지하여 행동하기 때문에 예정이나 상황이 변하면 유연하게 대처하지 못한다. 갑작스런 일상의 변화에 적응하려면 일정한 능력이 필요하다. 아이는 아직 그런 능력이 없을 수도 있고, 설령 있다고 해도 아이에게 혼란을 초래할 수 있다.

모든 사람에게 실망은 정도의 문제이다. 아이의 실망 정도를 이해하고 공감하기까지는 아주 복잡한 과정을 거쳐야 할지도 모른다. 여러분에게는 일시적 변동에 불과한 것이, 아이에게는 감정의 평정을 방해하는 심각한 위협이 될 수도 있다. 여러분은 전혀 예측하지 못하는 사이에 아이가 실망해버리는 경우도 있다. 가게에 좋아하는 아이스크림이 없거나, TV 프로그램이 속보 뉴스 때문에 바뀌거나, 친구가 아파서 함께 놀기로 한 약속이 취소될 때, 아이는 실망할 수 있다.

신중하게 생각하고 계획을 세워 아이의 실망을 사전에 예방할 수도 있다. 이를테면 할머니가 올해 추수감사절에는 호박파이 대신 사과파이를 만들어줄 거라고 미리 알려주거나, 올해 캠프에는 아이가 좋아하는 교사가 오지 않지만, 그 대신 학기가 시작하기 전에 친구를 만나러 가자고 제안하면 실망을 사전에 예방할 수 있다.

학대

또래 아이들이나 형제자매, 또는 다른 어른들이 아이를 공격하거나 약 올리고 괴롭힐 수 있다. 이런 일이 벌어질 때 취해야 할 태도는 하나밖에 없다. 절대로 용서해서는 안 된다. 아이를 둘러싼 환경은 어떠한가? 아이에게 친근한가? "애들이 거칠 수도 있지. 으레 다 그런 거야." 이런 태도를 가진 사람에게는 분명히 말해주어야 한다. 자폐아는 자신을 적절히 방어할 수 있을 정도로 언어가 정교하지도 못하고, 사회적으로 예민하지도 않다는 사실을 말이다. 분노발작은 시작에 불과하다. 불안과 우울증, 만성 피로가 그림자처럼 그 뒤를 따라다닌다. 이 같은 상황에서 여러분은 당연히 자폐아를 보호하는 조치를 취해야 할 의무가 있다.

우리 지역의 초등학교에서는 학교를 '폭력 없는 지대'로 선언하는 정책을 크게 강화했다. 보이지 않는 곳에서 불미스러운 사건이 벌어지면 그 즉시 단호하게 대처한다. 그런데 모든 학교에서 이런 정책을 실시하지는 않는다. 괴롭힘을 당하고 있는 아이가 이야기하지 않는다고 해서 그런 일이 없다고 생각해서는 안 된다. 또 괴롭힘은 대부분 부모와 교사, 그리고 다른 어른들의 시선이 미치지 않는 곳에서 일어난다. 대개 스쿨버스와 화장실, 복도, 운동장에서 일어난다. 따라서 아이에게 가능하면 그 즉시 "그만해! 나 그런 거 싫어!" 하며 분명하게 항의하고, 믿을 수 있는 어른에게 이야기하라고 가르쳐주어야 한다.

불공평한 대우를 받는다는 느낌

‘공평하다’는 말은 자폐아들에게는 아주 복잡하고, 모호하고, 부정확한 용어 가운데 하나이다. 우리는 일반적으로 ‘공평함’을 편파적이지 않고, 공명정대하고, 편견이 없다는 의미로 생각한다. 가족의 규칙, 학교의 교칙, 팀의 규칙은 형제자매나 학생, 팀의 구성원 모두에게 일률적으로 동등하게 적용된다. 그런데 자폐가 있으면 운동장이 움푹 패어 울퉁불퉁해진다. 평평해지지 않는다. 그러나 자폐아는 욕구와 규칙 사이에 균형을 이루는 데 자기에게 문제가 있다는 것을 알고 있다. 그러므로 ‘공평함’이라는 주제에 대한 우리의 생각이 변해야 한다. 이렇게 생각해보자.

‘공평함’은 모든 것이 절대적으로 동등하다는 의미는 아니다. 모든 사람이 자기가 필요로 하는 것을 얻을 때, 거기에 ‘공평함’이 있다.

어른에게서 겪은 부당한 일들

우리는 자기도 모르는 사이에 좋지 않은 상황을 더 나쁘게 만들 때가 있다. 조롱은 어떤 사람의 아픔이나 불행을 비웃는 행동이다. “네 누나는 절대 이러지 않았어.” 이런 비교도 자주 동원된다. 공정하지도, 적절하지도 않은 이런 비교는 사실상 아이에 대한 비난이다. “저번에도 그랬잖아!”라는 말로 지난 일들을 끄집어내기도 한다. 게다가 우리는 검증되지도 않은 비난을 퍼붓기도 한다. “분명히 네가 그랬을 거야. 다른 사람이 그랬을 리가 없어.” 그리고 마지막으로 분노에 대한 문제를 제기하지 않을 수 없다.

아이를 키우면서 흑백논리로 해결할 수 있는 문제는 거의 없다. 자폐아를 키울 때에는 더욱 더 그렇다. 하지만 여기 흑백논리로밖에는 해결할 수 없는 문제가 하나 있다. 바로 아이에게 손찌검을 하는 문제이다. 당연히 아이를 때려서는 절대 안 된다.

나는 여기까지 이 책을 읽은 독자라면 내 의견에 동의하리라 생각한다. 여러분을 귀찮게 하려고 이 말을 꺼내는 게 아니다. 아이를 때리면 쉽게 문제가 해결된다고 생각하는 가족구성원이나 이웃, 또는 방관자들이 있기 때문이다. '볼기짝을 때린다.'거나 '체벌을 한다.'는 등의 표현을 동원하여 손찌검을 미화하려는 사람도 있다. 그러나 무슨 소리를 해도 결국 손찌검은 항상 분노를 이기지 못해 저지르는 공격적인 행동에 지나지 않는다. 순간적으로 자제력을 잃고 손찌검을 하는 경우도 종종 있다. 때로는 실제로 아이를 가르치려고 애쓸 필요 없이, 손찌검 한 번으로 더 바람직한 행동을 가르칠 수 있다는 잘못된 확신에서 이런 일이 벌어지기도 한다. 우리 한번 생각해보자.

아이에게 손찌검을 하면 자신이 무엇을 잘못했고 어떻게 하면 그런 행동을 고칠 수 있는지 가르칠 수 있는가? 아니면 약 오르고 화나고 절망스러운 마음을 해소하기 위해 아이를 때리는 가? 이런 행동이 아이에게 타인을 존중하고 이해하는 마음을 심어주겠는가? 오히려 아이를 당황하게 하고 수치심을 느끼게 하지는 않을까? 여러분은 아이가 이런 행동을 보고 배우기를 원하는가? 똑같은 행동을 이웃이나 동료에게 저지르면 폭행과 구타 혐의로 경찰차를 타게 될 것이다. 심지어 제네바 협약에 따르면

전쟁포로에게도 폭력을 휘두르면 안 된다. 그런데 왜 아이에게 그런 짓을 저지르는 것을 당연하게 여기는가?

여러분을 당황스럽게 하고, 불쾌하게 하는 아이의 행동에는 어떤 이유가 있다. 그리고 이는 아이가 어떤 욕구를 충족하는 행위이다. 그러므로 그 바탕에 자리잡은 욕구를 채워주지 않은 채, 아이의 행동을 억압하는 것은 결국 실패하고 만다.

분노는 전염성이 있다. 그리고 끝내는 여러분에게 손해를 안긴다. 시간을 낭비하고, 에너지를 허비하고, 신뢰를 깨뜨리고, 자존감을 떨어뜨리고, 마음에 상처를 입고, 장기적으로 의도했던 결과를 얻지 못한다. 그러나 분노는 인간의 경험에서 불가피한 것이기도 하다. 자제력과 품위를 지키며 분노를 다스리는 법을 터득하면, 궁극적으로 여러분과 여러분의 본을 받은 아이들 모두에게 큰 도움이 될 것이다.

아이가 분노발작을 일으킬 때, 이를 해결하는 방법을 터득하기가 쉽다고 말하려는 것이 아니다. 하지만 그것이 자폐라는 퍼즐의 한 조각인 것은 분명하다. 내 자신은 그 과정이 약간 놀랍다고 생각했다. 내가 브라이스의 분노발작의 원인을 확인하고, 그것을 있는 그대로 인정했더니, 내 생활도 갈수록 평화로워졌다. 하루에도 여러 번씩 분노발작을 일으켜 나를 놀라게 하더니, 일주일에 여러 번으로 그 횟수가 줄어들었다. 또 얼마 동안은 가끔 수동적인 공격반응을 보이는 것으로 형태가 바뀌었다가 그 다음에는 완전히 사라졌다. 처음에 나는 우리가 그 끔찍한 행동에 정면으로 맞서 이겼다고 생각해 감사했다. 그러나 여러 해 전부터는 생각을 달리하고 있다. 더 이상 힘들었던 옛날 일이 아닌, 내가 지금까지 맛본 가장 인상적이고 특별한 결실로 기억한다.

열

나를 무조건 사랑해주세요

자폐를 무능력이 아닌, 또 다른 능력으로 바라보려고 노력해주세요.

지금 있는 그대로의 나를 사랑해주세요.

나의 변호인이자, 친구가 되어주세요.

그러면 내가 얼마나 잘 자랄 수 있는지 보여드릴게요.

"하늘과 땅의 차이는 높이의 문제가 아니라 마음가짐의 문제다." 켄 키스 2세Ken Keys, Junior가《무조건적 사랑의 힘The Power of Unconditional Love》이라는 책에서 한 말이다. 이 말은 자폐아를 키우는 것과 관련해서 내가 믿는 모든 것에 우선하는 단호한 감정을 표현하고 있다. 이 말은 하루하루를 그렇게 살았던 사람의 입에서 나온 말이다. 키스는 소아마비 때문에 인생의 마지막 50년을 휠체어를 타고 지냈던 사람이다. 그는 이른바 장애를 안고 사는 것이 어떤 것인지 약간은 알고 있었다. 소아마비도 그가 많은 책을 집필하는 데는 장애가 되지 않았다. 그는 인생을 사랑하는 주제로 무려 열다섯 권이나 되는 책을 썼다. 또 장애를 안고 살면서도 이미 가진 것에서 행복을 발견하고, 눈은 항상 미래를 바라보라는 내용으로 줄기차게 독자를 설득했다. 키스는 무조건적 사랑은 이원성에 바탕을 두고 있다는 사실에 주목했다. 이원성의 핵심은 다른 누구를 진정으로 사랑하기 위해서는 자신을 사랑해야 한다는 데 있다. 궁극적으로, 자신의 모든 것을 있는 그대로 받아들인다는 뜻이다. 아이에게 이보다 더 좋은 본보기가 있겠는가?

무조건적인 사랑은 신비하지만, 우리가 그런 사랑을 할 수 있다고 나는 굳게 믿는다. 장애아를 키우는 부모는 곧잘 마음이 흔들린다. 나는 얼굴을 진흙 속에 묻고, 가슴에는 칼을 품고, 문제의 근원을 찾아간다. 하지만 우리 두 아들을 내 아이라고 자랑하며 무조건적인 사랑을 하는 것은 항상 나의 특권이었다. 물론 사랑을 흔들림 없이 유지하는 것이 얼마나 고통스러운 일인지에 대해 충분한 교훈을 얻었다. 여러분도 마찬가지일 것이다. 두려움과 실망, 기대와 잃어버린 꿈을 단호하게 포기하기란 쉬운 일이 아니다. 어찌 보면 대단히 엄청난 임무처럼 보일 수도 있다. 아이를 데리고 갈 수 없는 곳이 있다. 아이가 혼자 힘으로 해결할 수 없는 상황이 있다. 아이가 어떤 사람들과는 사이좋게 지내지 못한다. 아이가 어떤 음식은 먹으려 하지 않는다. 아이의 한계는 곧 여러분의 한계가 된다. 두렵기도 하고, 속았다는 생각도 들고, 속상해서 더 이상 힘을 내기가 힘들 때도 있다. 그리고 이런 마음을 인정하려면 엄청난 용기가 필요하다. 이런 상황에서 벗어나고 싶지만, 어디서 어떻게 시작해야 좋을지 모른다. 그렇다면 여기 시작할 수 있는 방법이 있다. 일단 스스로 할 수 있다는 것을 인정하면 된다. 그런 능력은 이미 여러분 안에 있다.

처음 자폐가 우리 가족에게 삶의 일부가 되었을 때, 나는 브라이스의 삶과 우리 가족의 삶이 어떻게 될 것인지 곰곰이 생각해보았다. 둘 다 굉장히 어려워질 수 있다는 사실을 부정하기 어려웠다. 내 주위에도 그런 문제로 고통받는 사람들이 있었다. 나와 친한 친구 부부는 심장결손으로 소중한 두 살짜리 딸을 잃었다. 그 사건으로 그들의 삶은 산산조각이 났다. 자폐가 우리 가족에게 준 것보다 훨씬 더 아픈 상처였다.

브라이스는 행복이 원하는 것을 얻는 데서 오는 것이 아니라, 이미 가지고 있는 것을 원하는 데서 온다는 사실을 내게 가르쳐주었다. 그것은 내가 지금까지 받은 선물 중에서 최고의 선물이었다. 한번은 어떤 친구가 내게 물었다. "그런데 넌 어떻게 거기까지 간 거니? 너의 성공비결이 무엇이라고 생각하니?" 비결은 없다. 있다면 되도록 비통한 마음을 비우고 상황을 있는 그 대로 받아들이는 것이다. 품위 있게 미래를 낙관하며 자기가 꺼 내든 카드로 경기를 하는 것이다. 쓰라린 마음은 무시무시한 적 이 될 수 있지만, 매일 연습을 하다 보면 극복할 수 있다. 아이에 게 자폐가 있다면 슬픔을 느끼는 건 당연하다. 그러나 진정한 비 극은 아이에게 자폐가 있다는 사실이 아니라, 여러분이 그 슬픔 에 집착하는 데 있다.

　무조건적인 사랑은 조건을 내걸지 않는다. 자폐 때문에 어 려움을 겪을 때 그 초점을 여러분이 아니라 다른 곳에 맞춘다는 것을 의미한다. 아이의 자폐는 여러분의 선택도, 아이의 선택도 아니다. 아이의 입장에 서면 여러분과 아이 모두 해방될 수 있 다. 나는 그것을 증명할 수 있다. 감각통합에 대해 이해하고 나 서 나는 자폐에 대한 두려움을 떨쳐낼 수 있었다. 브라이스가 무 엇을 감내하며 살아가는지 알게 되었을 때, 나는 소름이 끼쳤다. 주변환경은 아이에게 감옥이나 마찬가지였고, 아이가 불쾌한 감 각의 폭격에서 벗어나 평온을 찾을 수 있을지도 알 수 없었다. 브라이스는 너무 어렸고, 자신의 경험이나 고통에 대해 의사소 통할 방법이 없었다. 나는 그 쓰라린 진실을 외면할 수 없었다. 그래서 다짐했다. 내 자신의 번민을 꿀꺽 삼키고 아이에게 다가

서기로. 내가 다가서지 못하면 누가 다가서겠는가?

여러분은 자신이 떠나고 난 뒤에, 아이가 성인으로서 어떤 인생을 살아갈지 상상할 수 있는가? 잔인한 질문이다. 하지만 지금까지 살아오면서 하루하루 나를 지탱해준 것이 바로 이 질문이었다. 언어능력은 떨어지고, 법과 법의 집행, 은행 제도, 대중교통을 이해하지 못하고, 시간을 엄수해야 하고 기본적인 예의범절을 지켜야 하는 직장생활에 적응하지 못하는 성인 앞에 어떤 인생이 기다리고 있겠는가? 하나 또는 둘 정도의 의미 있는 인간관계, 의미 있는 일자리, 의미 있는 여가나 취미를 즐길 수 있는 능력도 없는 사람의 삶의 질이 어느 수준까지 높아질 수 있겠는가? 비장애아들은 어른이 되면 그것들이 자기 삶의 구성요소가 될 것이라고 가정한다. 자폐아도 그런 미래를 누릴 수 있다. 거기엔 전제가 필요하다. '인간은 모든 것이 될 수 있고, 무엇이든 될 수 있는 권리를 타고났다.'는 이념이 모든 아이에게 적용될 수 있도록 전심전력을 다해 헌신하는 어른들이 사려 깊게 도와주어야 한다.

브라이스를 무조건 사랑하기 위해 나는 아이의 약점들조차도 받아들이기로 했다. 브라이스는 또래 아이들과의 우정도 원하지 않았고, 축구나 성가대처럼 아이들이 방과후에 흔히 하는 활동에도 흥미가 없었다. 브라이스는 만화영화나 대형 아이스 쇼, 또는 서커스 같은 대규모 공연을 관람하지 못했다. 아이와 여행을 하려면 신중하게 계획해야만 했다. 하지만 나는 그런 것들이 아쉽지 않았다. 왜냐하면 브라이스가 그런 자신에 대해서 좋은 감정을 가지고 행복하게 생활했기 때문이다. 그런데도 나는 생각에 생각을 거듭하며 많은 질문을 던졌다.

"명심하세요. 사람은 누구나 자기 나름의 속도로 자신을 펼치게 되어있어요. 단지 지금은 아이가 자신을 펼칠 때가 아닐 뿐이에요. 그럴 때가 꼭 올 거예요." 이 말은 브라이스의 사회성 발달문제로 만난 심리학자가 내게 들려준 충고다.

나는 브라이스에게 시간과 여유를 주기로 마음먹었다. 그런 시간은 차례차례 다가왔다. 나이가 들면서, 브라이스는 수영부에서 수영을 했고, 육상부에서 달리기를 했으며, 지역 극단에서 꽤 뛰어난 배우가 되었고, 파도타기를 했으며, 배낭을 메고 걸었고, 자전거를 타고 질주했으며, 소년단 활동을 즐겼고, 해리포터를 읽었다. 아이는 자기 시간에 맞춰 그런 활동들을 해냈다. 다른 아이들보다 몇 년 늦긴 했지만, 다른 아이들처럼 성공적으로 그 일들을 해냈다. 그리고 그보다 더 중요한 것이 있다. 브라이스가 그 일들을 해낸 순간, 신기하게도 아이가 전에는 그 일들을 하지 못했다는 사실이 우리의 뇌리에서 사라졌다.

　나는 매일 브라이스에게 말해주었다. "넌 역사상 가장 훌륭한 아이야. 지금 그 모습만으로도 최고야. 그리고 나는 역사상 가장 운이 좋은 엄마야." 나는 처음에는 이런 말을 하기 시작한 것만으로 충분하다고 믿었다. 그런데 시간이 지나면서 놀라운 일들이 벌어졌다. 그 말이 내게 사실이 되었다. 그런데 그보다 더 중요한 것은 그 말이 브라이스에게도 사실이 되었다는 것이다. 브라이스는 놀라울 정도로 자존감이 높았다. 자기 자신을 좋아하고 자신의 모습에 만족했다. 그것은 전염이 되었다. 나는 브라이스에게서 적극적으로 장점을 찾아내어 분명하게 표현해주었다. 결코 거짓말을 하지 않는 것을 보고 내가 얼마나 신뢰하게 되었는지, 건강에 좋은 음식을 선택하고 훌륭한 건강법으로 자신을 세심하게 돌보는 걸 보고 내가 얼마나 안심했는지 말해주었다. 이런 말들이 바로 긍정적인 설득이라고 생각하고 아이에게 훌륭하다는 말을 자주 해주길 바란다. 여러분과 아이 모두 점점 더 그 말을 믿게 될 것이다. 여러분이 뒤에서 있는 힘을 다해 헌신적으로 밀어주면, 아이에게 자신을 펼칠 시간은 반드시 올 것이다.

　여러분의 아이는 인적이 드문 길로 우리를 안내하고 있다.

시인 로버트 프로스트가 이야기하는 그 길은 "마찬가지로 아름답고, 어쩌면 더 걸어볼 만한 길이다." 더 걸어볼 만한 길인 까닭은 이 책의 마지막에 도달해 우리가 완전히 한 바퀴를 다 돌았기 때문이다. 출발점으로 다시 돌아왔기 때문이다. 여러분도 아이도 어느 정도까지 이루어낼 수 있을지 알지 못한다. 우리는 여정의 끝을 볼 수가 없다. 그 길이 경사와 비탈, 까다로운 굴곡이 많은데다가 끝이 없기 때문이다. 격려하고 의욕을 북돋아주는 생각을 할 것인지, 힘을 소모하는 나약한 생각을 할 것인지는 여러분의 선택에 달려있다.

끝으로 여러분에게 조슈아 리브먼Joshua Liebman의 《부모의 계명》에 나오는 지혜로운 말을 전해주고 싶다.

"아이에게 조건 없는 사랑을 주어야 한다.
성적표, 깨끗한 손이나 평판에 좌우되지 않는 사랑을.

아이에게 당신이 온 마음으로 받아들여준다는 느낌을
전해주어야 한다.
아이의 능력과 장점뿐만 아니라
인간적인 단점까지도 받아들여준다는 느낌을.

아이에게 자기가 실제로 존재하고 있다는 느낌을
전해주어야 한다.
장애물뿐만 아니라 수많은 성취가 기다리는
우주의 시민임을 깨닫게 해주어야 한다.

아이가 성장하여 당신을 떠나서 독립된 인생을
살아갈 수 있도록 허락해주어야 한다.
이것이 당신의 자녀를 명예롭게 할 법칙이기 때문이다."

여러분에게 여러분의 아이를 위해 나와 함께 이 일에 나서
기를 부탁한다. 인적이 드문 길을 걷는 것, 여기에서 모든 차이
는 비롯될 것이다.

나는 믿기로 했다

브라이스의 보조교사 중에 경험이 풍부한 전문가가 있었다. 그 교사는 브라이스와 지냈던 여러 해를 회고하면서 내게 이렇게 말했다. "나는 그동안 내가 브라이스를 가르치고 있었다고 생각했어요. 그런데 지금 와서 보니, 사실은 브라이스가 나를 가르치고 있었어요." 나도 똑같은 생각이다. 논문 〈열 가지〉에서 나는 브라이스에게서 배운 것의 표피밖에 건드리지 못했다. 그러나 분명히 내 생각에 핵심은 있다. 그리고 나는 항상 부메랑처럼 그곳으로 돌아간다.

"할 수 있다고 생각하든, 할 수 없다고 생각하든, 아마도 여러분의 생각이 옳을 것이다. 아이의 자폐 결과를 결정하는 가장 중요하고 유일한 요인은 바로 여러분이 아이의 자폐에 대해서 갖는 믿음이다." 이것은 헨리 포드가 한 말이다. 이 말이 도전처럼 들린다면, 그것도 사실이다. 이 메시지를 마음속에 품고 달리기 바란다. 틀림없이 바람이 등을 밀어주며 여러분을 계속 앞으로 나아가게 해줄 것이다. 행동이 있고 대답이 기다리는 곳이 바로 거기다. 왜 여러분의 자녀에게 자폐가 나타났느냐는 질문에는 대답을 할 수 없다. 하지만 여러분이 무엇을 할 수 있고, 어떻게 영향을 끼칠 수 있으며, 어디서 여러분을 이끌어줄 수단을 구할 수 있는지에 대해서는 구체적으로 대답할 수 있다. 그리고 그 대답이 남은 일생 동안 여러분을 계속 앞으로 나아가게 해줄 힘이 될 것이다.

어떻게 하면 여러분이 믿음을 가진 사람이 될 수 있는지는 별로 중요하지 않다. 내 자신도 내가 어떻게 그곳에 도달했는지 믿을 수 없을 때가 종종 있다. 하지만 나의 개인적인 우화는 재미가 있다. 그래서 여러분과 함께 나누어보려고 한다.

마흔이 지난 지 꽤 되었지만, 나는 학교로 돌아가려고 한다. 난 소중한 나의 모교에서 공부를 할 것이다. 돌아간다는 것은 멋진 일이다. 내가 원래 사랑했던 그곳은 20년이 지났는데도 거의 변하지 않았다. 그곳은 여전히 작은 도시이고, 거리는 비좁게 늘어서 있다. 도심에는 아직도 고풍스런 광장이 있다.

그런데 내가 모교로 돌아가는 데는 문제가 있다. 말 그대로 집 문제이다. 여러 달 전부터 미리 수소문을 했는데도, 아직도 내가 머물 아파트를 정하지 못했다. 사실은 한 아파트를 얻기로 약속이 되어 있었다. 그런데 소지품을 들고 도착해보니 누가 벌써 그곳에 살고 있었다. 마침내 학기가 시작되었는데 내겐 아무것도 없다. 나와 자동차뿐이다. 나는 기숙사 생활을 하기에는 나이가 너무 많다. 하지만 내겐 선택의 여지가 없다. 기숙사 방은 모두 예약이 되었다는 이야기를 들었다. 하지만 예약한 학생이 나타날 때까지는 기숙사 어느 한 방에 머물 수는 있었다. 나는 중도탈락자가 나가면서 일시적으로 빈 방으로 옮겼다. 그러나 대기자 명단에 있는 다음 순서의 학생이 오면 방을 비워줬다. 그러다 보니 며칠에 한 번씩 이 방 저 방으로 옮겨다녔다.

하지만 내겐 다른 문제가 있다. 그 문제도 심각하긴 마찬가지이다. 방을 구하지 못해 항상 마음이 심란한데, 갑자기 학기가 반이나 지나버린 것이다. 난 수업을 몇 개 빼먹었다. 사실은 많이 빼먹었다. 학기말에 가서 만회하기에는 너무나 늦었다는 것을 알고는 충격에 빠졌다. 수업을 너무 많이 빼먹었기 때문에 학점을 이수할 수 있을 만큼 아는 것이 없다. 또 의지할 수 있거나, 찾아가서 해결책을 의논할 만큼 안면이 있는 교수들도 없다. 내 학교 경력에 처음으로 낙제를 할 것 같았다. 너무나 명백하다. 나는 도저히 상상할 수 없을 정도로 수치스러웠다.

그 순간, 난 잠에서 깨어났다. 이 꿈은 나를 혼란스럽게 하기보다는 호기심을 자극했다. 왜냐하면 몇 달에 한 번씩 느닷없이 이 꿈을 꾸곤 하기 때문이다. 이 꿈의 메시지는 일관되어 보였다. 난 도서관에서 꿈 해몽에 관한 책을 몇 권 빌렸다. 하지만 방이 없어 헤매는 꿈을 풀어주는 것은 하나도 찾지 못했다.

내가 아는 사람 중에 성격이 느긋하고 세상 물정에 밝은 여자가 있었다. 그녀는 자기가 아는 심령연구가를 찾아가보라고 나를 재촉했다. 결국 나는 호기심에 이끌려 꿈 해몽을 들어보기로 하고 약속시간을 정했다. 면담을 시작하면서 그녀가 말했다. "아직 아무 말도 하지 마세요. 내가 당신에게서 받은 느낌을 이야기할 테니까요. 그러고 나면 질문할 시간은 많을 거예요." 처음 5분 동안은 그녀의 이야기만 들었다. 괜찮았다. 그녀의 이야기는 믿을만하였다. 나는 그녀에게서 대단한 인상을 받았다. 이어서 우리는 내 꿈에 대해 이야기를 시작했다. 그녀는 대략 몇

초 만에 그 문제를 정리했다. "그런 꿈은 쉬워요. 당신은 지적으로 더 큰 자극을 찾는 중인데, 그것과 당신의 삶을 일치시킬 수 있는 방법을 찾지 못하고 있어요. 지금 내 눈에 책이 한 권 보이는데, 5년 안에 당신이 써낼 책 같군요." 그녀의 대답은 내가 예상했던 내용은 아니었지만 흥미롭기는 했다. 그래서 나는 다음 관심사로 넘어갔다. 나는 머뭇거리며 그녀에게 내 아이에 대해서 묻고 싶다고 했다. 아이에 대해 뭔가 들어볼 말이 있을 것 같았다. 그녀는 브라이스의 사진을 보면서 아이의 생년월일을 물었다. 나는 약간 겁이 났다. 그래서 어떻게든 찜찜한 마음도 풀어볼 겸 이렇게 물었다. "내 아이는 천사인가요? 아니면 요정? 아니면 그와 비슷한 존재인가요?" 그녀는 아니라고 대답했다. 천사는 아니라는 것이다. 천사는 새로운 영혼이지만, 브라이스는 아주 오래된 영혼이라고 했다.

그녀는 전생치료법에 대해서 이야기하기 시작했다. 멍하니 듣고 있다 보니, 이런 생각이 들었다. '내가 이런 쓸데없는 소리를 믿는 건가? 그건 아니다. 믿는다고 말할 수는 없다. 그렇지만 믿지 않는 것도 아니다. 믿든, 믿지 않든, 지금까지 내게 뭔가를 입증했던 사람은 아무도 없다. 나는 돈을 지불하고 여기서 대답을 구하는 중이다. 그래서 마음을 열고 듣고 있을 뿐이다.'

그녀는 브라이스가 위대한 정신적인 지도자라고 했다. 그녀의 말에 따르면, 나와 브라이스는 수많은 생애에 걸쳐서 교사와 학생, 남편과 아내, 지도자와 그의 절친한 친구로서 서로 역할을 달리해가며 많은 시간을 함께 지냈다. 브라이스는 나를 신뢰하며, 이번 생에서는 어머니와 아들로 함께 지내게 되었다. 내가 어머니의 역할을 맡은 것은 브라이스의 선택이었다.

"브라이스가 나를 선택했다고요?"

"그래요."

심령연구가는 우리가 나눈 이야기를 녹음해주었다. 그리고는 집에 가서 모든 것을 흘려보내고 2~3주 동안 마음을 가라앉히고 난 다음에 녹음 내용을 다시 한 번 들어보라고 했다. 면담은 이렇게 끝났다. 난 전생치료법을 믿지 않는다. 그런데도 브라이스가 나를 선택했다는 말은 온통 내 마음을 사로잡았다.

어느 날 밤, 나와 브라이스는 여느 때처럼 책을 들고 브라이스의 침대에 누워 하루를 마감하고 있었다. 브라이스는 피곤해 보였지만 기분은 좋아보였다. 문득 나는 브라이스에게 묻고 싶은 마음을 억누를 수가 없었다. 난 입을 열었다.

"브라이스?"

"응?" 브라이스는 거의 잠든 목소리로 속삭이듯 대답했다.

"네가 날 선택했니?"

브라이스는 말이 없었다. 나는 잠이 들었다고 생각했다. 브라이스의 눈은 여전히 감겨있었다. 그때 내 귀에 아주 또렷한 소리가 들렸다.

"그래, 엄마."

여러분은 살면서 모든 감각이 송두리째 빠져나가 텅 비어버린 것 같은 느낌을 경험한 적이 있는가? 확실히 그 순간은 나에게 영원히 잊지 못할 특별한 순간이었다. 내 머릿속에는 아무 생각도 떠오르지 않았다. 물론 브라이스가 피곤한 나머지 내가 나가주기를 바랐을지도 모른다. 하지만 내 귀에 들려온 것은 뭔가 다른 소리였다. 오랜 시간 나를 둘러싸고 있던 회의의 안개를 뚫고 내 귀에 들어온 소리였다. 내게 들려온 소리는 '선택'이 훨씬 더 중요하다는 소리였다. 브라이스가 나를 어머니로 선택한 시나리오에 어떤 입증 가능한 진실이 있느냐 없느냐는 중요하지 않았다. 비록 실체적 증거가 없어도 믿겠다고 선택하고, 그 선택을 행동의 기준으로 삼는 것이 그보다 훨씬 더 중요했다.

나는 브라이스가 정말 나를 어머니로 선택했다는 말을 믿기로 했다. 그리고 새로운 마음으로 아이에게 공정한 대우를 하기로 결심했다. 아무튼 시간을 가로질러 브라이스가 나를 자기를 보살필 적임자로 믿었다는 것은 엄청난 생각이었다. 만일 이것이 사실이라면, 서로에 대한 우리의 믿음은 영원히 순환하는 것이다.

"할 수 있다고 생각하든, 할 수 없다고 생각하든, 어쩌면 여러분의 생각이 옳을 것이다."

다양한 가치를 지니는 개인적인 차이, 그리고 헨리 포드와 100년을 사이에 두고 심령연구가가 내게 한 말. 그것들 사이에는 공통점이 없다. 그래서 그것들을 모두 내 품에 안으려면 평범한 진리를 가지고 하나로 묶을 수밖에 없다. 그것은 바로 우리가 갈 방향을 정해주는 것은 우연이 아니라 선택이라는 것이다.

나는 그것을 믿는다.

아들에게 들려주고 싶은 열 가지

브라이스가 고등학교 마지막 학년을 시작하던 날 저녁, 나와 남편도 마지막 신학기 학부모의 밤에 참석했다. 아들의 자폐를 처음 확인했던 순간에서 보면, 우리는 지금 1광년의 거리만큼 멀리 떨어진 곳에 있었다. 아득히 먼 그해, 브라이스는 공립 통합유치원에 다니고 있었다. 매주 목요일이면 브라이스는 선생님에게 "아가야, 하루만 더!"라는 말로 인사를 했다. 이 말은 영화 〈작은 거인들〉에 나온 대사였다. 고등학교 마지막 학년이 시작되는 첫날 아침, 브라이스는 나를 향해 "아가야, 일 년만 더!"라고 인사했다.

브라이스가 유치원을 졸업하고 열두 살이 되던 해, 난 브라이스 같은 어린이를 대변하기 위해 이 책《열 가지》초판을 썼다. 그 뒤로 7년이 지났다. 브라이스는 열아홉 살이 되었고, 자신을 대변할 수 있게 되었다. 내 역할에도 변화가 생겼다. 브라이스를 대변하는 것이 아니라, 아들과 이야기를 나누는 것이 내 역할이 되었다. 그래서 나는 아들에게 들려주고 싶은 열 가지를 정리해보았다. 그것은 브라이스가 성장하면서 항상 가슴에 깊이 새겨주었으면 하는 소중한 가치들이다.

열아홉 살 내 아들에게 들려주고 싶은 열 가지

모범이 되는 사람이 되어라. 신입생이었을 때 네가 높이 평가했던 그런 졸업생이 되길 바란다. 널 환영하며 맞아주고 이끌어주어, 네가 순조롭게 고등학교 생활의 첫발을 내딛을 수 있도록 도와준 그런 상급생이 되기를 바란다. 너나 할 것 없이 젊은 이들에게는 모범이 되는 사람이 필요하다. 네겐 그런 사람들이 있었다. 이제는 네가 그런 사람이 될 차례다. 고등학교를 졸업하더라도 이런 의무는 사라지지 않을 것이다. 건강하고 활기찬 공동체는 전적으로 다음 세대를 위해 모범을 보이는 시민들 손에 달려 있기 때문이다.

도덕성에 절대 흠집을 내지 마라. 평생에 걸쳐 정직, 신뢰, 친절을 실천하며 명성을 쌓아도, 이는 한 순간에 무너질 수 있다. 거짓말 한 마디, 신의 없는 행동 한 번, 무심코 내뱉은 말 한 마디. '딱 한 번'이라며 저지른 잘못된 행동이 가족, 친구, 직장상사, 직장동료와 너의 관계를 훼손하고 파괴할 수 있다. 한 번 무너진 신뢰를 회복하는 데는 몇 년이 걸린다. 네가 '다시는 그런 짓을 하지 않겠다.'는 맹세를 증명하는 방법은 시간이 흐르는 것 말고는 다른 것이 없기 때문이다.

현재를 충실히 살아라. 넌 대학과 직업 같은 고등학교 졸업 이후의 세계에 대해 알아보려는 생각에 들떠있다. 하지만 고등학교 마지막 일 년 동안에도 수많은 훌륭한 기회와 경험들이 너를 기다리고 있다. 그런 기회와 경험을 충분히 즐기고 누리길 바란다. 미래에 일어날 일들을 기다리느라 현재를 일시적인 것으로 흘려버리면, 수많은 소소하고 일상적인 삶의 즐거움을 놓치게 될 것이다.

예의가 중요하다. 우리 사회가 갈수록 예의 없는 사회가 되어 가고 있다. 그렇기 때문에 지금 이 사회에서 예의는 어느 때보다 중요하다. 아마 네가 예의를 몸에 익힌다면 너는 다른 누구보다 훨씬 나은 사람으로 인정받게 될 것이다. 예의가 어울리지 않거나 고리타분해질 일은 절대 없다. 막 싹을 틔어가던 사랑이 식사예절을 제대로 지키지 못해 식어버리는 경우가 아주 많다는 사실을 알아두기 바란다. 또 습관처럼 상스런 말을 입에 달고 다니지 않기를 바란다. 자칫 그런 버릇이 스미게 되면, 결정적인 순간에 해서는 안 되는 말이 입에서 새어나올 테니 말이다.

기다려라! 너만의 특별한 사람은 있다. 여자애들한테 바람 맞고, 헤어지고, 잘못된 길로 빠지는 걸 지켜보는 건 힘든 일이었다. 하지만 넌 사랑스런 여자애들에게 다시 눈길을 주었고 그들과 우정을 맺었다. 너의 판단력을 믿기 바란다. 늘 옳지는 않겠지만 네 판단력은 건강하다. 항상 옳은 사람은 아무도 없다. 너에게 특별한 어떤 사람이 언제 어디에서 네 앞에 모습을 드러낼지 우리는 모른다. 하지만 기다림은 그만한 가치가 있을 것이다. 너를 둘러싼 많은 사람들과의 관계에서 얻은 경험들을 통해 배우도록 해라. 그리고 너의 가치, 다시 말해 인생에서 너의 성공의 척도는 누군가의 반쪽이 되는 데 달려있지 않다는 사실도 알아두기 바란다.

도움을 청해라. 너는 자립에 대한 열망이 강하다. 하지만 강하다는 것과 고집불통은 완전히 다르다. 강인하고 성숙한 사람은 도움이 필요할 때 부탁할 줄 알고, 도움을 주는 사람들에게서 배울 줄 안다. 결코 약하거나 무능해서가 아니다. 부탁하고, 부탁하기 바란다. 그렇게 할 때, 그토록 원하는 자립을 네게 안겨줄 지식과 기회들을 발견하게 될 것이다. 도움을 받아 얻은 결실로 넌 한 단계 더 성숙해질 것이다. 다시 말해, 다른 사람들이 네게 도움을 부탁할 때 넌 그들에게 도움을 줄 수 있을 것이다.

꿈을 간직하기 위해 애써라. 넌 시나리오 작가가 되길 꿈꾼다. 나 역시 글쓰기에 강한 흥미를 갖고 있기 때문에 네 마음을 이해한다. 사람이 꿈과 목표 없이 살아서는 안 된다. 하지만 네가 꿈을 추구하는 동안에 먹고살아갈 수 있는 직업기술이 필요할 것이다. 꿈을 가져라. 그러면서도 현실을 직시하고, 고용될 수 있는 자격을 갖추기 바란다. 나도 전업작가가 되기 전까지 25년 동안 '생업'을 갖고 있었다.

균형감을 유지하라. 자폐는 그동안 너에게 여러 도전과제들을 안겨주었다. 앞으로도 그럴 것이다. 너를 둘러싼 아주 다양한 사람들의 조건을 인식하는 것이 중요한 이유가 바로 여기에 있다. 나로서는 맥스 어만Max Ehrmann이 1927년에 발표한 산문시 〈데지데라타Desiderata〉에 나오는 표현보다 더 적절하게 말해줄 방법을 모르겠다. "자신을 다른 사람들과 비교하게 되면, 당신의 마음은 허영심에 젖거나 쓰라리게 될지 모른다. 당신보다 더 잘난 사람들과 더 못난 사람들은 늘 있게 마련이기 때문이다."

투표하라. "투표하지 않으면 불평도 하지 마." 넌 내가 하는 이 말을 들으며 자랐다. 투표는 특권이자 의무이다. 쟁점들은 복잡하고, 입후보자들은 기만에 능하다. 복잡하다는 것을 핑계로 선거에 참여하지 않고, 의견과 사실을 구별하려는 노력을 회피해서는 안 된다. 또 누구를 뽑을지 선택하지 못하고, 공동체에 영향을 미치는 쟁점들에 대해 발언하지 않는 핑계로 삼아서도 안 된다.

최선을 다해 마무리하라. 네가 달리던 그 모든 시간을 기억하기 바란다. 경기는 혼신의 힘으로 결승점을 통과할 수 있는 사람에 의해 판가름 난다. 졸업만 하면 그만이라는 생각으로 대충 지내야겠다는 충동이 일어나거든 자제하기 바란다. 최선을 다해 마무리하는 모습은 정말 아름답다. 계획된 업무를 정해진 시간에 끝마치기 위해 최선을 다하는 동료직원만큼 믿음직스러운 이도 별로 없다.

브라이스, 너와 난 18년 동안 항상 말로 하지는 않았지만 서로 많은 대화를 나누어왔다. 아주 어렸을 때부터 넌 친절하고 용감한 아이였다. 그리고 지금 성인의 문턱을 넘고 있는 넌 내가 알고 지내던 어느 누구 못지않게 속이 꽉 찬 사람으로 자랐다. 그래서 너를 만난 모든 선생님들 사이에서 너는 전설이 되었지. 본보기로서 내 자신이 너보다 더 부족한 존재가 되어서는 안 되지 않겠니? 네 덕분에 난 새로운 안목으로 세상을 보는 법을 배우게 되었다. 우리가 무척 좋아하는 영화배우 잭 니콜슨의 대사로 바꾸어 표현하자면, "네가 있어 난 더 좋은 엄마가 되고 싶었어."

세상엔 네가 필요해.

여러분의 관점이 중요하다

고등학교를 졸업하고 얼마 지나지 않아 브라이스는 새로운 주문mantra을 받아들였다. '모든 사람은 진화한다'는 주문. 이 말은 브라이스가 자기 주위에 있는 사람들과 자신의 삶에서 어떤 변화를 일으켰는지에 대해 언급할 때 자주 쓰는 표현이 되었다. 아이가 아직 어리고 헤쳐나가야 할 일이 많을 때, 여러분은 마음 속으로 아이가 어른이 된 모습을 상상하면서 먼 훗날에야 그런 일이 일어날 것으로 생각했을 것이다. 하지만 그런 일은 금방 일어난다. 아이는 자라면 자랄수록 스스로의 힘으로 인생을 항해할 수 있어야 한다. 그러기 위해서는 자신을 변호할 수 있는 능력이 더욱 중요해진다. 자폐의 여러 측면에 대해 스스로 설명할 수 있는 능력을 키워야 하고, 능력을 키우기 위해 필요한 도움도 요청할 수 있어야 한다.

상상조차 할 수 없는 재앙이 일어나지 않는다면, 여러분의 자녀는 어른이 될 것이다. 법률(미국의 법률)의 시점으로 보면, 시계가 아이의 열아홉 살 생일을 알리는 순간에 일어난다. 많은 혜택이 사라지고, 많은 법적 권리와 책임이 자녀의 것이 될 것이다. 여러분이 알지 못해도, 여러분이 허락하거나 승인하지 않아도, 여러분의 아들이나 딸은 투표하고, 결혼하고, 계약에 서명하고, 군대에 입대할 수 있다. 심지어 자녀의 서면승낙 없이는 여러분도 자녀의 건강에 대해 담당의사와 더 이상 의논조차 할 수 없다. 그렇다고 해서 여러분이 자녀의 삶에 대해 충고하고, 이끌어주고, 지원하는 일을 못하게 될 거라는 말은 아니다. 하지만 자녀에게 일어날 인생의 사건을 통제할 수 있는 힘은 현저하게 줄어들 것이다.

변화는 자녀에게 일어나는 정도만큼 여러분에게도 일어난다. 여러분의 자녀가 법적 성년에 도달하는 순간, 여러분이 느낄 자부심과 불안, 기대와 회한의 소용돌이에 대해 내가 어떻게 표현할 수 있겠는가? 아마도 그것은 달콤하면서도 쓸쓸하게 여러분에게 다가갈 것이다. 그리고 느낌의 정도는 아이가 어른으로 성장하는 이 길목에서 여러분이 서 있는 곳이 어디인지에 따라 다를 것이다. 즉, 여러분이 이 모든 변화에 대해 자녀뿐만 아니라 여러분 자신을 얼마나 준비시켰는지에 따라 다르다. 내가 말할 수 있는 것은 그것뿐이다. 자녀가 겪는 모든 변화에서 동반자 역할을 하는 여러분은 그 길을 함께하게 될 것이다. 여러분이 그 길을 함께할 마음이 있든 없든 말이다. 하지만 불안과 기쁨의 정도는 여러분이 하기에 달렸다.

미래에 자녀가 누릴 삶의 질은 그 미래가 오기 전에 다가오는 모든 오늘에 달려있다. 그렇기 때문에 자녀가 어떤 상태로 열아홉 살이 될 것인지는 매일의 문제가 된다. 여러분의 자녀는 자급자족 능력을 갖춘 성인으로 준비되어 있는가? 아니면 적어도 준비하는 과정인가? 아니면 특별한 기술도 없고, 준비도 제대로 갖추지 못한 상태인가?

자폐가 있는 자녀를 성인으로 이끄는 과정은 대단히 미묘해서 섬세하게 다루어야 한다. 여러분이 고의적으로 하는 행동뿐만 아니라, 하지 않은 행동과 신중하지 못한 행동들이 모두 그 과정에 영향을 끼친다. 여러분이 고의적으로나 무심코 뱉은 말들, 관점과 태도가 모두 영향을 끼친다. 특히 여러분의 자녀는 여러분의 관점, 그리고 자신을 가르치고 이끌어주는 사람들이 드러내는 관점을 반영하는 존재가 될 것이다.

입학한 뒤 처음 3년 동안, 브라이스는 놀라 셜리라는 특수 교육 보조교사의 지도를 받았다. 선생님들은 그녀를 '매직 놀라'라고 불렀다. 놀라는 아이들에게 믿음을 주었고, 아이들은 그녀를 따르고 가르침에 협조했기 때문이다. 그녀는 이러한 성과에 대해 이렇게 말했다. "나는 내 자신이 하고 싶지 않은 것을 절대로 아이에게 하라고 요구하지 않았어요. 그리고 무엇이 되었든, 우리는 그것을 함께했어요." 어쩌면 간단한 충고일지도 모르겠다. 하지만 그 효과는 엄청나게 크다. 난 철저하게 그 충고를 따랐고, 아직도 따르고 있다. 그 덕분에 나는 여러 번 그냥 안주할 뻔했던 위기를 넘겼다. 그 때문에 난 더 훌륭한 모범을 보이려고 노력했고, 감정과 정신은 물론 육체적으로도 경직되지 않으려고 노력했다. 스트레칭처럼 처음에는 부담이 되지만 연습을 충분히 하면, 여러분도 유연해지고 민첩해질 것이다. 여러분도 흔쾌히 자신이 할 수 없거나 하고 싶지 않은 것을 자녀에게 요구하지 않을 뜻이 있는가?

이 책을 통해 우리는 자폐아와 관계를 맺는 데 관점이 어떤 영향을 끼치는지 깊이 생각해왔다. 그렇다면 아이가 알려준 열 가지는 여러분에게 어떤 영향을 끼치는가?

● 여러분은 자신을 어떻게 정의하고, 어떤 말을 사용하는가? 그리고 어떤 말이 여러분을 움찔하게 하는가?

● 어떤 감각과 감각적 경험들이 여러분을 미치게 만들고, 여러분에게 위안을 주고, 지치게 하거나 기운나게 하는가?

● 여러분은 자신이 할 수 없는 것과 하지 않는 것을 구분하는가?

● 여러분의 사고방식은 어떤 유형인가? 자녀의 사고방식과 어느 정도나 일치하고 충돌하는지 알고 있는가?

언어 이외에 어떤 방식으로 여러분은 자신의 요구와 욕구, 그리고 세계관을 전달하는가?

● 여러분의 주된 학습방식은 무엇인가? 그리고 자녀의 학습방식과 어떻게 비교되고 대조되는가?

● 여러분은 할 수 있다고 생각하는 어른인가? 여러분의 인생은 부정적인가, 긍정적인가, 특별한 일 없이 평온한가?

● 여러분의 사회적 지수는 어떻게 되는가? 여러분은 의견이 다른 사람들을 존중하고 받아들이는가?

● 여러분의 자기조절능력을 방해하는 것은 무엇인가? 여러분을 분노발작하게 하는 것은 무엇인가?

● 여러분은 자신을 무조건 사랑하는가? 그리고 자녀를 충분히 무조건 사랑할 수 있는가?

어떤 부모와 가족구성원은 자녀의 자폐에 대해 크게 부담스러워하지 않고, 오히려 자폐를 가족 모두의 성숙을 위한 기회로 받아들인다. 반면에 또 어떤 사람들은 삶을 포기한 채 아무것도 하지 않고 현실을 애써 외면하며 세월이 지나가기만을 기다린다. 나는 대립되는 이 두 가지 태도의 원인이 무엇인지 알고 싶다.

마르쿠스 아우렐리우스는 이렇게 말했다. "여러분의 인생은 여러분이 인생을 어떻게 생각하느냐에 달려있다." 우리는 자폐아를 위해 그 말을 이렇게 바꾸어야 한다. "여러분 자녀의 인생은 여러분이 자녀의 인생을 어떻게 생각하느냐에 달려있다."고.

어떤 치료법이나 심리요법보다 자녀가 성장하고 발전하여 행복한 인간이 되는 방법을 깨우치는 데 커다란 영향을 미치는 것이 있다. 그것은 바로 우리가 자녀의 자폐를 바라보는 관점이다. 혹시 '행복한 인간'이라는 말에 이어서, '자폐가 있긴 하지만'이라는 표현이 자기도 모르게 덧붙여질 수도 있다. 이것이야말로 아이의 삶에 한계를 설정하는 관점이 얼마나 마음에 깊이 스며들 수 있는지 보여주는 사례가 될 것이다. 의식적으로 아이의 삶에 한계를 설정하는 생각을 할 수도 있고, 그런 생각이 무의식적으로 떠오를 수도 있다. 하지만 그 둘은 아무런 차이가 없다.

그 결과는 동일하기 때문이다.

청소년 시절 내내, 브라이스는 자기 앞에 나타난 한계들을 밖으로 밀어냈다. 그리고 그러한 태도는 위험을 무릅쓸만한 가치가 있었다. 열세 살 때, 브라이스는 어떤 여자아이에게 함께 영화를 보러 가자는 제안을 했다. 열네 살 때는 학교 동아리 친구들과 함께 미국을 횡단하는 여행을 떠났다. 열여섯 살 때는 대중교통을 이용하여 시내를 돌아다녔다. 열아홉 살 때는 배심원의 의무에 대한 글을 발표했다. 브라이스가 그런 일을 해낼 때마다 자폐아를 둔 부모 가운데 최소한 한 사람은 이런 말을 했다. "난 내 아이가 언젠가 그런 일을 해낼 거라고 상상할 수가 없어요!" 그러면 난 화가 나서 주먹을 불끈 쥐고 이렇게 외치곤 했다. "왜요? 왜 그것을 상상할 수가 없나요? 여러분이 그것을 상상할 수 없으면, 아이는 결코 그런 인생을 살지 못할 거예요."

아이의 성장을 방해하는 관점이 있다. 이 관점은 아무도 모르는 사이에 강화될 수 있다. 그것도 우리가 흔히 사용하는 가장 평범한 도구인 자기파괴 언어에 의해 강화된다. 언어는 사람에게 영감을 주며 영향을 끼치기도 하고, 무의식중에 영향을 끼치기도 한다. 입술과 자판, 그리고 펜을 떠난 뒤에도 언어는 오랫동안 그 일을 멈추지 않는다. 자폐 세계에 진입하면서 종종 우리는 자폐 관련용어들을 소리 내어 말하거나 머릿속에 떠올리곤 한다. 그렇게 통용되는 구절이나 유행어들이 아이를 공정하게, 또는 완전하게 묘사하는지 생각해보지도 않고 사용하기도 한다. 어쩌면 우리는 말이 일단 입을 떠나면, 듣는 사람이 행간의 뜻을 헤아려 더 깊은 의미로 받아들일 것이라고 무의식적으로 상정하는지도 모른다. 심지어 우리는 우리가 하는 말과 그 의미 사이에 깊은 골이 놓여있다는 것을 인식하지 못하는지도 모른다. 그리고 그 말을 듣는 사람이 그런 깊은 골이 있다는 사실을 의심할 이유가 없다고 여기고, 그 사람 혼자 그곳을 걸어서 지나가게 한다. 그런데 그 속에는 위험이 도사리고 있다.

바로 옆집에 사는 이웃사람들부터 많은 전문가까지, 우리가 선택한 친구들부터 우리가 선택할 수 없는 친척들과 같은 반 친구들까지, 자폐아를 대하는 사람은 누구나 자기가 사용하는 언어의 영향력에 대해 주의를 기울여야 한다. 아이와 자폐에 대해 생각하고 묘사하는 과정에서 여러분이 선택한 언어들은 아이와 자폐에서 여러분이 맡은 역할, 그리고 일반적으로 자폐에 대한 여러분의 태도를 분명하게 드러내줄 것이다.

여러분이 자녀의 자폐를 묘사할 때 믿음을 불어넣는 언어를 사용하면, 다른 사람들은 아이와 아이의 잠재력에 대해 더 큰 믿음을 갖게 된다. 여러분이 사용하는 언어에 따라, 다른 사람들이 여러분 자녀를 대할 때 갖게 될 기대와 태도, 예의가 결정될 것이다. 어쩌면 여러분의 자녀를 대하는 그들의 마음가짐까지도 좌우할 것이다.

아이를 존중하는 태도는 언어에서 시작된다

어쩌다 머릿속을 돌아다니던 자폐 관련용어가 입을 통해 밖으로 흘러나오는 경우가 종종 있다. 자폐아들에 대해 흔히 사용되는 용어와 꼬리표, 그리고 특징을 묘사하는 표현들 중에는 경멸과 생색내는 태도가 바탕에 깔려 있는 것들도 있다. 예를 들어 자폐아들은 짜증을 부린다, 뭔가에 사로잡혀 있다, 너무 까다롭다, 고통받고 있다는 표현들이 그렇다. 하지만 늘 그런 말들을 듣고 자란 아이들은 자존감에 상처를 받는다.

비극

몇 년 전 인근 지역에서 발행되는 신문에서 짧은 기사를 본 적이 있다. 다섯 살짜리 자폐아를 둔 엄마이자, 행동요법 치료사가 가족지원과 훈련에 필요한 상담서비스를 제공하는 자폐센터를 열었다는 내용이었다. 정말 기쁜 일이라는 생각도 잠시, 그 다음 문장이 내 마음속의 풍선을 바늘로 찔러 터뜨렸다. 지역의 한 사업가도 합세해서 판매금액의 일부를 기부하여 전도유망한 이 사업을 후원하기로 했다는 내용이었다. 그의 말인즉슨 이랬다. "우리는 돕기를 원합니다. 자폐는 가족들에게 비극입니다."

두말할 나위 없이, 재정적 후원이든, 정서적 후원이든, 지역사회의 후원에 대해서는 마음 깊이 고맙다. 하지만 나로서는 더 힘주어 고맙다고 말할 수가 없다. 자폐는 그것을 비극으로 받아들이는 경우에만 가족들에게 비극이 된다. 자폐아에게 닥칠 수 있는 가장 커다란 비극은 주위 어른들이 모두 자폐를 비극으로만 생각하는 것이다.

자폐와 싸우면서 가장 힘들었던 시기에도, 난 자폐를 다차원적 시련, 장애물 코스, 우회도로라고 생각했다. 비극이라고 생각했던 적은 단 한 번도 없다. 브라이스와 내가 새로운 담당의사를 처음 방문했을 때의 일이다. 의사가 브라이스에게 자폐가 생활에 영향을 끼치느냐고 물었다. 자폐가 생활에 어떻게 영향을 미치느냐고 물은 것이 아니라, 자폐가 영향을 끼치느냐고 물었던 것이다. 브라이스는 자기가 아직 어리다는 것이 자폐보다 생활에 끼치는 영향이 더 크다고 침착하게 대답했다. "왜냐하면 자폐 문제라면 내게 완벽한 어머니가 있거든요. 선생님도 그 점을 이해하셔야 해요." 내가 자폐를 비극으로 생각했다면, 결코 이런 순간을 경험할 수 없었을 것이다.

비극의 정의는 끝이 행복하지 않다. 비극은 셰익스피어에게는 정말 좋은 것이겠지만, 우리에게는 그다지 좋지 않다. 우리는 선택하게 될 것이다. 우리는 둘 다 가질 수도 있다. 어쩌면 여러분은 벌써 그곳에 있는지도 모른다. 어쩌면 여러분의 관점은 정확히 비극의 정반대인지도 모른다.

완벽함

완벽한 어머니라는 브라이스의 말에 황홀해서 기절할 정도라고 해도 내게 뭐라 할 사람은 없을 것이다. 하지만 부모로서 1시간만 지내본 사람이라면, 완벽함이란 있을 수 없다는 것을 안다. 비극의 정반대편에는 관점이 놓여있고, 관점의 역할은 한계를 설정하는 데 있다. '완벽한'이라는 말은 '정상'이나 '무능한'이라는 말처럼 위험할 수 있다. 진지하면서도 격의 없이 사용할 때, 완벽함은 그 정의상 '나무랄 데 없음'을 의미한다. 완벽한 사람은 없다. 그것은 불변의 진실이다. 자폐를 대할 때 어떤 가족구성원들은 여전히 크게 슬퍼하고, 현실을 부정하고, 화를 내고, 책임을 남에게 돌린다. 반면에 점점 더 많은 부모는 내게 이렇게 말한다. "내 아이는 자기 나름으로 완벽해요." 그들은 자폐를 '장애'로 말하는 것을 좋아하지 않는다. 사실 자기 아이는 완벽하게 태어났다고 여기기 때문이다. 그들은 이렇게 믿는다. "내가 이 아이를 사랑하기만 한다면, 모든 것이 완벽해질 거야."

아이가 엄마에게 묻는다. 엄마는 내가 완벽하다고 하는데, 왜 다른 사람들은 항상 내게 불평을 늘어놓느냐고. 다른 사람들은 항상 다르게 이야기를 하는데, 우리만 아이들에게 '너희는 완벽해.'라고 메시지를 보내는 것은 아무런 도움이 되지 못한다. 아이들에게는 오히려 사람들은 누구나 배우고, 터득하고, 나아지고, 익숙해져야 할 면들이 있다는 생각을 일깨워주는 것이 도움이 된다. 여러분의 자녀가 온전히 기댈 수 있는 인생의 절대적 진리 가운데 하나는 바로 이것이다. 결함이 없는 것이 아니라, 성공적으로 어른이 되는 것을 목표로 삼도록 우리는 모든 아이를 이끌어주어야 한다.

변명

　자폐에 대해서는 여러분도, 여러분의 아이도 선택권이 없었다. 그리고 자폐가 정말로 아이의 행동장애와 학습장애의 이유일 수도 있다. 하지만 자폐를 변명으로 내세운다면, 그것은 아이에게 자폐 자체보다 더 큰 불리함을 안겨줄 것이다.

　졸업식 날, 브라이스는 모든 선생님에게서 멋진 격려의 편지를 받았다. 그 가운데 가장 내 눈에 띄었던 것은 주의력결핍과 난독증이 있는데도 석사학위를 두 개나 받은 영어선생님에게서 받은 편지였다. "살아남기 위해서 넌 앞으로 네 친구들보다 더 열심히, 더 오래, 그리고 더 활기차게 공부해야 할 거야. 이제 떨쳐 일어나 그걸 해내기 바란다!"

　몇 년 전 우리 집에서 작은 할로윈 파티를 열었을 때 있었던 일이다. 어떤 아이가 "난 스키틀즈가 싫어요." 하며 우리가 주는 과자를 받지 않았다. 그리고는 초콜릿 캔디를 노려보면서 "이건 또 뭐야? 난 이것도 싫어." 하며 우는 소리를 했다. 내가 이 이야기를 내 페이스북에 올렸는데, 많은 사람이 이야기를 심각하게 받아들이지 않았다. 그들의 반응은 대개 이런 식이었다. "아이가 아마 자폐아였을 것이다. 우리는 자폐아들에게는 여과장치가 없다는 것을 알고 있다. 그런 아이들은 눈으로 본 대로 이야기한다. 그러니 웃어넘겨라. 그것은 그 아이 부모의 문제이지, 여러분 문제가 아니다." 난 이런 반응에 놀랐다. 그 아이의 버릇없는 행동이 자폐 때문일지 모른다는 생각은 전혀 들지 않았기 때문이다. 난 그 사건을 교사와 의료계 종사자, 전문가 집단에게 들려주었다. 그들은 그 아이의 행동을 걱정스러워했다. 부모들과는 현저하게 대조되는 반응이었다. 전문가들은 그런 행동을 제어하지 못할 경우에, 아이가 성장하면서 그것이 어떤 영향을 끼칠지에 대해 추정했다. 생일잔치 때, 휴가 때, 팀이나 모임의 일원으로서, 직장에서 그런 행동이 어떤 영향을 끼칠 것인지 상상하게 했다.

우리는 대부분 의식적으로 미리 깊이 생각하여 변명을 한다. 변명을 생각해내는 과정은 훨씬 더 미묘하고, 어쩌면 부지불식간에 진행될지도 모른다. 또 우리가 자폐를 아이에 대한 교육을 포기하는 변명으로 삼도록 우리를 일깨워줄 수도 있다. 하지만 우리가 변명을 부정하고 받아들이지 말아야 할 이유는 아이가 미래에 자립할 수 있는 어른이 되는 것을 보장하려는 데 있다.

언어

자폐에 대한 대화를 나누는 소리가 커질수록 우리는 자녀의 상태를 설명하는 데 사용하는 언어의 감성지수를 잘 알고 있어야 한다. 우선 교묘하게 우리 아이들을 공격하는 언어의 몇 가지 사례에 대해 알아보자.

짜증부리기. 통제하기 힘든 아이를 묘사하는 데 분노폭발과 짜증부리기라는 표현이 교대로 사용되는 경우가 있다. 하지만 이것은 올바른 어법이 아니다. 이 용어들이 각자 빚어내는 이미지를 생각해보기 바란다. '분노폭발(용용)'은 물리학이나 화학에 뿌리를 둔 조건들이 급격한 변화 시점에 도달할 때 촉발되는 파괴적인 사건을 상기시킨다. '짜증부리기'는 심술부리는 사람을 떠오르게 한다. 아이가 짜증을 부리는 원인은 명확하다. 과자를 받지 못했거나 그네를 함께 타고 싶지 않을 때 아이는 짜증을 부린다. 하지만 차츰 자라면서 교육을 받고 의사소통 기술과 자기 인식능력이 성숙해지면, 대부분의 아이들은 감정을 조절하면서 다른 사람에게 자신의 욕구를 알릴 수 있게 된다. 자폐아들은 어떤가? 자폐아들의 분노폭발 원인은 따로 있다. 바로 아이의 감각에 과부하가 걸린 것을 어른들이 인식하지 못하고, 아이의 의사소통 기술이 아직 충분하게 발달하지 못한 데 있다. 이러한 원인을 제거하지 않으면 아이는 '벗어날' 수가 없다.

뭔가에 사로잡힌. 구글에서 '자폐 집착적인 관심'을 검색하면 엄청 많은 정보를 얻을 수 있다. 그리고 다음과 같은 천편일률적인 표현이 들어있다. "자폐 어린이들은 대개 단일한 대상에 대해 집착적인 관심을 드러낸다." 자폐아들이 단일한 대상에 국한된 관심을 드러내는 것은 흔한 일이다. 그런가 하면 소위 비자폐인들도 그와 똑같은 행동을 보인다. 몰두하는 대상이 운동이든 음악이든, 게임이든, 직업이든, 그들도 국한된 관심을 드러낸다. 사람들이 집착적인 관심을 통해 성과를 얻은 경우, 우리는 그들을 기대 이상의 성공을 거둔 사람이라고 한다. 또 그 사람들에게 자신이 하는 일에 대해 '열정을 보였다.'고 인정한다. 난 포도주에 집착하는 사람들을 알고 있다. 그들은 자신을 감정가라고 부른다. 무엇을 근거로 우리는 어떤 관심은 집착(우리는 눈살을 찌푸린다.)이라 부르고, 어떤 관심은 열정(우리는 열망한다.)이라고 부르는가? 고등학교에 입학할 때 브라이스는 아는 사람이 하나도 없었다. 그런데 브라이스가 어린 시절부터 좋아해오던 토마스 탱크 엔진 이야기에 서로의 관심을 공유하게 된 어떤 학생을 학교에서 만나면서부터 브라이스의 우정은 처음 꽃을 피우게 되었다. 그 아이와 브라이스는 아직도 기차 전시회에 함께 다닌다. 이런 기차 전시회를 개최하는 사람들은 모형기차 설계에 '집착하는' 어른들이다. 열렬하고, 열정적이고, 격정적인 관심은 그렇게 많은 부모들이 간절히 원하는 바로 사교모임, 우정, 직업으로까지 자폐아들을 이끌어줄 수 있다.

　　까다롭다. '식성이 까다로운 사람'이라는 표현은 많은 사람이 음식에 대한 선호가 자기들보다 더 선택적인 사람들을 일컬어 아무렇게나 내던지는 조롱 섞인 말이다. '선택적인'과 '까다로운'이라는 말을 듣자마자, 우리가 어떤 반응을 보이는지 생각해보자. 선택적이라고 하면 안목이 있다고 생각하고, 까다롭다고 하면 신경질적이라고 생각한다. 하지만 누구나 다 자기가 먹는 음식에 대해 선택적이다. 유일한 변수가 있다면 정도 차이이다. 나는 자기들은 아무것이나 먹는다고 주장하는 많은 사람을 알고 있다. 그들에게 그렇게 하라고 재촉해보라. 그러면 얼마 못 가서 그들은 굴 또는 땅콩, 또는 볼로냐 소시지, 또는 아욱을 빼고는 무엇이든 먹는다는 단서를 넣으려고 할 것이다. 많은 어른이 엄격한 식습관을 선택한다. 그렇다고 해서 다른 사람들이 주제넘게 나서서 그들에게 식성이 까다롭다고 지적하지는 않는다. 고기를 먹지 않겠다는 선택을 한 사람들은 채식주의자가 된다. 유대인들은 유대 율법에 따라 음식을 먹는다. 이슬람교도들은 이슬람 율법에 따라 도축된 고기를 먹는다. 자기들이 열등하다고 간주하는 음식이나 요리재료를 거부하는 사람들은 자신들을 미식가라고 부른다. 식습관에 대해 경멸적으로 생각하는 태도는 아이에게 무례한 욕설과 부정적인 자기 이미지를 가르친다. '몇 가지 음식을 즐긴다.'는 것이 더 정확한 표현이다. 이런 표현은 아이의 자존감을 지켜주고, 한 번에 한 입씩 섭취 가능한 음식을 늘려갈 토대를 제공한다. 난 내가 무엇에 대해 이야기하는지 알고 있다. 브라이스의 자폐가 지금까지도 나를 힘들게 하는 점들 중 하나가 바로 먹는 음식이 한정되어 있다는 사실이다. 하지만 나의 일은 브라이스에게 적절한 영양의 구성요소에 대해 교육하고, 자신이 좋아하는 음식을 준비하는 데 필요한 요리법을 가르치는 것이었다. 브라이스가 다양성보다 규칙에 따라 일정하게 균형 잡힌 식습관을 선택하면, 다양성이 아니라 균형이 표제어가 되었다. 어려서부터 그렇게 하도록 우리는 브라이스를 가르치고 용기를 북돋아주었다.

고통받는다. 〈자폐를 가진 삶〉이라는 제목으로 된 짤막한 이야기가 웹사이트에 실렸다. '자폐증으로 고통을 겪으면서도' 산수 문제와 씨름하고, 오빠와 티격태격하고, 공원에서 친구들과 노는, 다시 말해서 '자기 나이의 여느 다른 아이와 마찬가지로 생활하는' 아홉 살짜리 어느 여자아이에 대해 이야기하는 내용이었다. 그 아이의 어머니는 "나는 내 딸을 세상하고도 바꾸지 않을 것이다."라고 했다. 그리고 자기 딸은 "경미한 정도의 자폐증으로 고통받고 있을 뿐"이라고 하면서, 그 점에서 다른 많은 아이들보다 더 운이 좋다고 했다. 기사와 함께 밝은 표정의 아름다운 엄마와 두 팔로 어머니의 목을 끌어안은 사랑스런 여자아이의 사진이 실려있었다. 겨우 300단어 정도의 짧은 기사에 '고통받는다.'는 표현이 두 번이나 등장한다. 그렇다면 이 여자아이는 자폐 때문에 고통받고 있는 것일까? 아니면 미디어의 무심한 상투적인 언어 때문에 고통받는 것일까?

공자는 이렇게 묻는다. "존중하는 마음이 없다면, 사람과 짐승을 구별해주는 것은 무엇인가?" 우리는 아이들이 성장하도록 용기를 북돋아주기를 바란다. 또 다른 사람들에게 우리 아이들을 배려하는 마음을 불러일으키기를 원한다. 그것은 서로를 존중하는 태도, 그리고 이러한 태도를 강화하는 언어에서 시작되어야 한다.

내가 몇 년 전에 읽은 짤막한 글이 있다. 그 내용은 이렇다.

미국인 부부가 카프리 섬으로 여행을 떠났다. 절벽 위에 자리잡은 작은 카페에서 부부는 영어를 할 줄 안다고 주장하는 어떤 남자를 만났다. 그는 증기를 뿜어내는 베수비어스 산과 반짝이는 나폴리 만이 보이는 발코니로 그들을 안내하면서 이러저러한 말을 쏟아냈지만, 두 사람은 한 마디도 알아들을 수가 없었다. 그는 숨을 멎게 할 정도로 장엄한 경치를 가리키며 이렇게 설명했다. "저 파노람 정말 무척이잖아!" 영어를 잘 몰라서 "저 파노라마 정말 아름답지요!"라고 해야 할 것을 잘못 말한 것으로 볼 수 있다.

발음과 문법은 엉망이었을지 모르지만, 그 남자의 관점과 의도는 수정만큼이나 투명한 것이었다. 그는 사랑하는 조국을 방문한 여행자들이 볼 수 있는 모든 것을 눈에 담아가기를 바랐던 것이다. 더 많이 바라볼수록 더 많은 것을 보게 되고, 발견한 것에 대해 더 많이 감탄할수록 더 많은 여행거리를 찾아다니고, 그럴수록 더 오래 머무르며 여행을 즐기려고 할 것이기 때문이다.

여러분 아이의 자폐도 그와 같다. 여러분이 유연하게 생각하며 뭔가를 추구하는 사람의 관점을 가지고 삶을 살아주기를 부탁한다. 호기심에 가득차 많은 일에 관심을 갖고 항상 궁금해하며, 상상하고, 삶의 경험을 넓히기 위해 할 수 있는 모든 것을 다하는 삶을 살아가기를 간청한다. 여러분이 자신의 관점을 넓힐 수 있어야만 아이에게 영감을 불어넣어줄 수 있다. 그래야 아이는 자신을 자폐보다 훨씬 더 크게 바라볼 수 있고, 삶이 제공하는 '파노람'이 '정말 무척'일 수 있다는 확신을 품고 살아갈 수 있기 때문이다.

자폐 어린이가 꼭 알려주고 싶은 열 가지

지은이 | 엘런 노트봄   옮긴이 | 신홍민

펴낸이 | 곽미순   기획 | 전광철   디자인 | 김윤희

펴낸곳 | (주)도서출판 한울림   편집 | 윤소라 이은파 박미화

디자인 | 김민서 이순영   마케팅 | 공태훈 윤도경   경영지원 | 김영석

출판등록 | 2008년 2월 13일(제2021-000316호)

주소 | 서울특별시 마포구 희우정로16길 21

대표전화 | 02-2635-1400   팩스 | 02-2635-1415

블로그 | blog.naver.com/hanulimkids

인스타그램 | www.instagram.com/hanulimkids

첫판 1쇄 펴낸날 | 2008년 3월 10일   6쇄 펴낸날 | 2014년 1월 10일

개정증보판 1쇄 펴낸날 | 2016년 5월 11일   10쇄 펴낸날 | 2024년 10월 8일

ISBN 978-89-93143-53-9 (13370)